铁路列车运行图编制理论及系统优化新技术丛书
国家自然科学基金青年科学基金项目（52102391）

新旧交替列车运行图协同编制优化理论与方法

Synergy Compiling Theory and
Method for the Transitional Operation Diagrams
between the Old and New Passenger Trains

吕苗苗　李文卿　陈钉均　著

西南交通大学出版社
·成　都·

图书在版编目（CIP）数据

新旧交替列车运行图协同编制优化理论与方法 / 吕苗苗，李文卿，陈钉均著. -- 成都：西南交通大学出版社，2024.12. -- ISBN 978-7-5774-0269-7

Ⅰ．U292.4

中国国家版本馆 CIP 数据核字第 2024ST7319 号

Xinjiu Jiaoti Lieche Yunxingtu Xietong Bianzhi Youhua Lilun yu Fangfa
新旧交替列车运行图协同编制优化理论与方法

吕苗苗　李文卿　陈钉均　著

策划编辑	王 旻
责任编辑	王 旻
封面设计	何东琳设计工作室
出版发行	西南交通大学出版社 （四川省成都市金牛区二环路北一段 111 号 西南交通大学创新大厦 21 楼）
营销部电话	028-87600564　028-87600533
邮政编码	610031
网　　址	http://www.xnjdcbs.com
印　　刷	成都蜀通印务有限责任公司
成品尺寸	170 mm × 230 mm
印　　张	9.75
字　　数	150 千
版　　次	2024 年 12 月第 1 版
印　　次	2024 年 12 月第 1 次
书　　号	ISBN 978-7-5774-0269-7
定　　价	58.00 元

图书如有印装质量问题　本社负责退换
版权所有　盗版必究　举报电话：028-87600562

前　言

列车运行图是统筹优化运输资源的综合作业计划，是铁路行车组织的基础，以优化调整列车运行图为牵引，铁路运输企业才能更好地以优质的客货运输服务满足广大旅客及货主对铁路的新期待和新要求。铁路运输企业为了适应不同时期的市场需求及铁路发展的需要，编制了不同版本的列车运行图，随着铁路新线修建、市场需求变化，列车运行图的调整频率、调整规模与过去相比大大增加，如何高效组织铁路运力资源由执行现图过渡到执行新图，实现新旧旅客列车运行图的快速、平稳过渡是当前铁路运营组织中需解决的重要问题。新旧交替旅客列车运行图是交替期车底运用与列车运行相协同的动态运营计划，是实现新旧旅客列车运行图快速、平稳过渡的核心，其编制需解决两个关键问题：一是编制交替期车底运用计划，确定车底在新旧图间的周转方案；二是以车底运用为核心，编制交替期内每日的列车运行计划，实现交替期车底运用与列车运行的协同优化。

本书通过分析我国铁路新旧交替列车运行图编制业务，揭示了新旧交替列车运行方案编制机理，研究提出了基于单智能体深度强化学习及基于分布式执行-集中式训练架构和多智能体深度强化学习的列车运行图编制关键技术，新旧交替列车运行图综合评价方法，了新旧交替列车运行方案编制方法，包括车底固定运用模式下交替方案编制方法、车底不固定运用模式下交替方案编制技术及城际铁路新旧交替列车运行方案编制方法，并在上述基础上研究设计了新旧交替列车运行图编制系统。

本书由西南交通大学吕苗苗统稿，西南交通大学李文卿、陈钉均参与了本书的撰写工作。本书在撰写过程中得到了西南交通大学倪少权教授、吕红霞教授以及李雪婷、潘金山、郭秀云、廖常宇、谢春等老师的支持，还得到了研究生孙艳飞、伍清子、段子誉的大力支持，在此向他们表示衷心感谢！书中参考了大量的国内外著作、论文及相关文献，在此谨向这些文献的作者致谢！感谢国家自然科学基金青年科学基金项目（52102391）的资助！

作　者

2024年9月于成都

目　录

第 1 章　绪　论 ·· 1
　1.1　研究背景及研究意义 ·· 1
　1.2　国内外研究现状 ··· 2
　1.3　现有研究评述 ·· 5
　1.4　急需解决的问题 ··· 7
　1.5　研究目标和研究内容 ·· 8

第 2 章　新旧交替列车运行图编制业务分析 ································· 10
　2.1　列车运行图变更内容分析 ·· 11
　2.2　新旧列车运行图交替对相关运输组织工作的影响 ··············· 14
　2.3　新旧交替列车运行方案编制方法分析 ································ 16
　2.4　新增列车的客车车底交替方案 ··· 17

第 3 章　列车运行图编制关键技术研究 ······································· 25
　3.1　列车运行图编制理论基础 ·· 25
　3.2　基于深度强化学习的列车运行图优化 ································ 30
　3.3　基于分布式执行-集中式训练架构和多智能体深度
　　　　强化学习的列车运行图优化 ··· 47

第 4 章　新旧交替列车运行图综合评价研究 ································ 61
　4.1　新旧交替列车运行图特性分析 ··· 61
　4.2　新旧列车运行图交替期列车流有序性内涵 ······················· 63
　4.3　新旧交替列车流有序性综合评价指标体系构建 ················ 64
　4.4　熵值-TOPSIS 综合评价法 ·· 67

第 5 章　新旧交替列车运行方案编制研究 ···························· 70

　5.1　客车车底运用影响因素分析 ······························· 70

　5.2　车底固定运用模式下交替方案编制研究 ···················· 72

　5.3　车底不固定运用模式下交替方案编制研究 ·················· 83

　5.4　动车组运用影响因素分析 ································· 94

第 6 章　新旧交替列车运行图编制研究 ································ 105

　6.1　新旧交替列车运行图编制影响因素分析 ···················· 106

　6.2　新旧交替列车运行图编制模型研究 ························ 107

　6.3　最早冲突优化算法 ····································· 115

第 7 章　新旧交替列车运行图编制系统研究 ···························· 125

　7.1　系统需求分析 ··· 125

　7.2　系统目标 ··· 128

　7.3　系统总体架构 ··· 128

　7.4　系统功能分析 ··· 131

参考文献 ··· 142

第1章 绪 论

1.1 研究背景及研究意义

列车运行图是统筹优化运用运输资源的综合作业计划,是铁路行车组织的基础,以优化调整列车运行图为牵引,铁路运输企业才能更好地以优质的客、货运输服务满足广大旅客、货主对铁路的新期待和新要求。近年来,运输需求的质与量迅猛提高、铁路路网规模快速扩大,铁路运输企业为了适应运输市场波动及铁路发展需要,编制了基本图与分号图(例如春运图、暑期图、十一"黄金周"图等),高速铁路在此基础上编制了日常、周末、节假日和高峰图,还编制了多种应对市场波动的调整图,除此之外,每一条新线开通运营,全国铁路列车运行图就要相应进行大面积的调整。随着铁路新线修建、市场需求变化,列车运行图的调整频率、调整规模与过去相比大大增加。

我国幅员辽阔,铁路开行了大量长途旅客列车,这些旅客列车往返一次的时间即旅客列车车底(固定编组,循环使用,不进行分摘的载客车列)周转时间大大超过一天。基于此,每当铁路启用新的列车运行图时,所需的大量车底仍按现图在途中运行,不在新图规定的始发站待用,列车运行组织无法立即按新图执行,需有相应的运行图交替方案完成此过渡。最简单的交替方案是使大量旅客列车停运并将空车底回送至新图所规定的列车始发站,但此方案会对旅客及铁路运输企业造成极大损失,因此,铁路运输企业需编制一个完善的列车运行及车底运用的协同计划,使车底通过执行交替期的列车运行计划完成新旧图过渡。在新旧列车运行图交替期间,每日均有车底从执行现图过渡到执行新图,这个长达几日且每日均以不相同的列车运行计划构成了新旧交替列车运行图,即新旧运行图交替期需"每日一图"。由此可知,新旧交替旅客列车运行图是交替期车底运用与列车运行相协同的动态运营计划,是实现新旧旅客列车运行图快速、平稳过渡的核心,其编制需解决两个关键问题,一是编制交替期车底运用计划，确定车底在新旧图间的周转方案，二是以车底运用为核心，编制交替期内每日的列车运行计划，实现交替期车底运用与列车运行的协同优化。

我国铁路列车运行图调整频率较高、规模较大，每次的新旧交替时间长达几日，每年累加的新旧交替时间很长，怎样高效组织铁路运力资源由执行现图过渡到执行新图，实现新旧旅客列车运行图的快速、平稳过渡是当前铁路运营组织中需解决的重要问题。

目前，国内外学者主要针对列车运行图编制及调整理论进行研究，对运行图交替期这个特殊时期的列车运行图编制理论研究较少。在铁路实际运营过程中，客运部门基于经验编制新旧列车运行图交替粗略方案，方案规定了车底在交替期的周转运用方案及列车启用新图日期、暂停日期等，但没有考虑具体的行车时间间隔约束，方案在执行过程中如遇新旧列车运行冲突，则由调度人员进行临时调整。由于缺乏相应的评价体系与理论指导，交替期列车运行计划和车底运用计划的编制质量、编制效率受到了极大制约，而且不精准的交替计划也对铁路运营造成巨大的安全隐患。鉴于此，本书将以客车车底在新旧图间周转过渡为核心，研究基于列车运行与车底运用相协同的新旧交替旅客列车运行图编制优化理论与方法。

1.2　国内外研究现状

新旧交替列车运行图是以客车车底在新旧图中过渡为核心的车底运用与列车运行相协同的动态运营计划，研究内容涉及车底运用、列车运行图编制及两者协同三方面，下面将分别对其国内外研究现状进行论述。

1.2.1　车底运用研究现状

国内外学者针对不同类型的铁路车底周转问题从计划编制及调度调整两个层面进行了深入研究。在计划编制层面，大多以车底使用数量最少或车底总运营费用最低为目标，以车辆运用规则为约束，建立车底运用计划编制优化模型，并采用拉格朗日松弛、分枝定界、列生成等优化方法进行求解（Cordeau J F[1] et al.，2001；吕苗苗[2]，等，2008；朱昌锋[3]，等，2014；Lai Y C[4] et al.，2015）。有些将车底运用问题抽象成为多旅行商问题或多商品流问题，并采用分枝定界、模拟退火、最大最小蚁群算法等方法进行求解（杨茹[5]，2015；邢进[6]，等，2015）。鉴于动车组运用规则与普通客车车底相差较大，赵鹏[7]，等（2003）介绍动车组运用计划的含义、条件、种类及计划方案的评价准则，并提出了假日动车组运用计划自动编制的启发式算法。由于动车组自带动力，可自行运转至目的地，有些学者将空车调拨引入动车组运用过程，建立了考虑空车调拨条件下动车组周转优化模型（Cadarso L[8] et al.，2011）。因城际铁路列车密度较大，李健[9]，等（2018）建立一种基于时间轴线网络建模的城际铁路动车组交路计划优化模型，并设计嵌入 CPLEX 求解引擎的迭代求解方法，加快了求解效率。随着路网规模的扩大，为了更充分利用动车组运能，很多学者将动车组运用与检修一并考虑，探索成网条件下动车组运用及检修方式和运用计划编制的理论方法（李建[10]，2017；周宇[11]，2017，Canca D[12]et al.，2018）。在新旧列车运行图交替期，（Lv M[13] et al.，2011；吕苗苗[14]，等，2012；吕苗苗[15]，等，2013；Lv M[16] et al.，2014）初步探讨了此特殊时期车底运用规则，并建立了车底运用模型。在调度调整层面，Nielsen L K[17] et al.（2012）采用时间滚动方法，建立了干扰条件下基于流的车底运用调整模型。Haahr J T[18] et al.（2014）及 Haahr J T[19] et al.（2016）提出了基于路径的动车组调整数学模型并在分支定界的框架下采用列生成算法进行求解。Cacchiani V[20] et al.（2014）分析了实时车辆干扰管理的恢复模型和算法。Kroon L[21] et al.（2015）及 Veelenturf L P[22] et al.（2017）基于动态旅客需求提出了动车组及列车时刻表调整方法。

　　从上述分析可知，已有研究成果集中在以运用效率最高、抗干扰能力最强为优化目标，以车底运用检修规则、给定的列车运行任务为强约束构造数学模型及相应求解算法，编制满足静态、动态客流需求的车底运用或调整计划，只有极少研究涉及新旧列车运行图交替期的车底运用，但因并未与交替期列车运行计划协同优化，导致计划编制结果可能不满足实际运营需求。

1.2.2 列车运行图编制研究现状

随着人们对铁路运输质量、服务水平的期望值不断提高，国内外专家学者对列车运行图编制问题的相关研究与日俱增。很多学者以最大化运营公司利益与最小化旅客运行时间为目标构造了列车运行图编制模型，包括平行机器加工模型（Liu S Q, Kozan E[23], 2011）、混合整数规划模型（Robenek T[24] et al., 2016,）、整数线性规划模型（Lv M[25] et al., 2010；Chen D[26] et al., 2012, Zhou W[27]et al., 2016；Lv M[28] et al., 2018）等，并提出了相应的求解算法，包括区域滚动编制算法（马建军[29]，等，2002）、基于拉格朗日松弛分解方法（Zhou W[27] et al., 2016）、蚁群算法（Chen D[30] et al., 2011）、基于定序优化的启发式编制方法（周文梁[31]等，2018）等。在此基础上，很多学者结合运营实际分析了列车延误产生的根本原因，提出了鲁棒性列车运行图编制方法（路超[32]，2018, Meng X[33] et al., 2018），增加了运行图的抗干扰能力。由于在一定程度上运行图的高效性与鲁棒性互为矛盾的，Cacchiani V[34]，et al.（2012）及 Dewilde T[35] et al.（2014）提出了高效性与鲁棒性平衡的列车运行图编制方法。从荷兰提出并运用周期运行图以来，很多学者对周期性运行图编制方法进行了深入研究（聂磊[36]，等，2014；邵长虹[37]，等，2018）。以上研究均基于固定的旅客需求，为了更好的满足旅客需求及适应市场的波动情况，（Hassannayebi E[38] et al., 2017；Shi J[39] et al., 2018；周文梁[40]，等，2019）一些学者着手研究基于动态客流需求的列车运行图编制方法。

通过分析列车运行图编制理论研究成果可知，已有研究主要集中在通过构造模型及相应求解算法设计非周期或周期化运行图，使其具有高效性、鲁棒性，能够满足静、动态客流需求。

1.2.3 车底运用与列车运行协同编制研究现状

谢美全[41]（2011）以优化动车组列车之间的周转接续为目标对运行图进行了反馈调整。王莹[42]，等（2012）在列车运行图可作微调的前提下，用时间窗描述运行线的可行平移范围，构建接续网络，建立了动车组运用模型。史峰[43]，等（2012）以动车组在终点站的接续时间为约束条件，以列车旅行时间和动车组接续时间最小化为目标函数，建立了高速铁路列车运行图综合优化模型。Chen D[44]，et al.（2017）以运用车辆数最少与旅客满意度最大为目标构造了列车运行方案综合编制优化模型。Veelenturf L P[22] et al.（2017）提出了一种基于旅客需求的集列车运行图与车辆周转于一体的实时干扰管理方法，但此方法只能决定在列车运行途中是否增加列车的停站。陈然[45]（2018）分别针对新线开通运营初期、列车开行密度增加的运营中期、铁路稳定运营成熟期以及紧急运营条件4种场景，提出了不同的研究目标，并以此为依据构建了列车运行图和动车组运用计划一体化编制与调整方法。王超[46]，等（2018）基于车辆路线问题的理论与方法，构建了高速铁路列车运行图与动车组运用一体化优化模型。周晓昭[47]，等（2018）建立了考虑动车组接续的高速铁路列车运行图智能调整模型，采用基于改进的和声搜索算法对所建立的模型进行求解。Xu，X[48] et al.（2018）建立了时间-空间-状态的三维网络来解决列车运行图与机车运用协同优化问题，并利用拉格朗日松弛算法进行求解。Yin，Y[49] et al.（2019）以旅客等待时间最少、全程旅行时间最小为目标，建立了考虑车辆运用的繁忙铁路干线列车运行图混合整数规划模型，并设计了三阶段启发式求解算法。

由此可知，目前列车运行与车底运用协同所采用的方法主要分为两类：一类是分析列车运行线的最大可调整量，通过建立列车运行图反馈模型来协同两者，另一类是在列车运行图编制时，将经济合理地使用车辆作为目标，通过构建列车运行图与车辆运用一体化模型并设计求解算法以达到两者协同优化。

1.3 现有研究评述

1.3.1 现有研究与交替期车底运用计划编制问题的区别与联系分析

交替期车底运用计划与既有研究的区别与联系主要体现在以下3个方面：（1）研究前提不同。已有研究中车底必须完成列车运行计划规定的运输任务，为了提高其运用效率可以对列车运行计划进行反馈，但仅能在允许的时间范围内微调列车运行线。新旧列车运行图交替期，列车运行计划是动态的过渡计划，列车在交替期内何日暂时停运、何日启用新图需由车底运用方案确定，交替期车底运用方案与交替期列车运行计划两者是在相互制约、相互协同中同时确定。（2）优化目标不同。已有车底运用模型仅适用于编制 24 h 闭合循环的静态基本计划，其优化多以车辆运用数量最少为目标。编制交替期车底运用方案的目的是实现车底在新旧图间的过渡，可用的车底数量已在新图与现图中有明确规定。（3）研究思路可借鉴。已有研究大多以列车运行线间的接续关系表示车底周转方案，优化目标大多转化为列车接续时间、接续成本，此研究思路与方法仍具备借鉴与参考价值。

1.3.2 现有研究与交替期列车运行计划编制问题的区别与联系分析

交替期列车运行计划的编制与既有研究的区别与联系主要体现在以下 4 个方面：（1）问题已知条件不同。已有的列车运行图研究主要是在列车对数、运行径路、等级等内容已知的条件下安排列车在区间运行及在车站到发或通过时刻，交替期列车运行计划编制是为了实现新旧列车运行图的交替，其已知条件为新运行图与现在执行的运行图。（2）考虑的时间跨度不同。列车运行图是基本图，反映了一天 24 h 列车的运行情况，每日都如此循环。而在新旧列车运行图交替期，每日都有列车从执行现图过渡到执行新图，每日的列车运行图都不一样，新旧交替列车运行图是一张时间跨度长达几日的且每日均不同的非闭合列车运行图。（3）问题优化目标不同。已有研究大多以运营收益、能力利用、客货服务质量最大化等作为静态列车运行图编制优化目标，新旧交替列车运行图是不同运行图版本间列车运行过渡计划，交替期停运列车少、交替周期短、抗干扰能力强等可作为实现新旧列车运行图快速、平稳过渡的目标。（4）已有研究成果可借鉴。国内外学者研究列车运行图编制理论时，大多先研究列车运行初始方案制定方法，在此基础上研究列车运行线间的冲突化解方法，此研究思路仍可用于新旧交替列车运行图编制中，另外，不论何种列车运行图编制均要满足列车运行各种技术条件约束，已有的研究思路、约束处理方法等理论研究成果值得借鉴。

1.3.3 现有研究主要问题评述

综上所述，已有研究成果为本书的研究打下了良好基础，但也存在一些突出问题有待深化研究，突出表现在以下3个方面：（1）运行图交替期车底运用计划编制理论与方法研究较少。车底在新旧图间的周转过渡是确保新旧列车运行图顺利交替的关键，其在研究前提、优化目标、与列车运行计划相互影响程度等方面与已有研究成果有较大区别，需进行深入的分析与研究。（2）运行图交替期列车运行计划编制理论与方法研究欠缺。车底通过执行交替期内每日的列车运行计划逐步过渡到新图，运行图交替期列车运行计划是新旧交替行车组织基础，其在问题已知条件、考虑的时间跨度、优化目标等方面与已有列车运行图编制研究成果有较大区别，需进行深入的分析与研究。（3）运行图交替期车底运用计划与列车运行计划协同方法研究不足。运行图交替期车底通过执行交替期的列车运行计划逐步过渡到新图，而交替期的列车运行计划是在新图与现图的基础上与交替期车底运用计划在相互制约、相互协同中同时编制的，目前分层反馈的调整编制方式不能满足交替期车底运用计划与列车运行计划的协同优化，目前还没有相关研究，需对此问题进行深入的分析和研究。

1.4 急需解决的问题

1.4.1 如何实现交替期车底运用计划的优化编制

为了保证新图顺利实施，需将现图的车底周转过渡至执行新图，另外，新图中因列车对数、运行区段、运行时刻、编组等改变导致所需的车底数量和类型较现图发生变化。因此，新旧交替过程中，车底周转运用方案除了将执行现图的车底过渡至执行新图外，还需指定额外所需车底上线加入运营的具体时间和地点及多余车底下线停运的具体时间和地点。研究新旧列车运行图交替期车底运用计划编制优化理论是解决新旧图过渡问题的关键环节。

1.4.2 如何实现交替期列车运行计划与车底运用计划的协同优化编制

在新旧列车运行图交替期内，按照铁路运营规则，列车一旦按新图运行将不能更改，但列车何日启用新图则取决于车底的周转运用方案；在交替过程中，执行新图的列车与执行现图的列车会在同一日运行，大量列车可能因不满足时间间隔而发生冲突，为了保持列车运行秩序必须进行冲突的疏解，而冲突的疏解可能改变列车始发终到时间进而导致交替期车底运用计划不可行。因此，有必要综合考虑交替期车底运用与列车运行技术条件，深入研究长达几日且每日均不同的新旧交替列车运行图编制优化理论，实现交替期车底运用与列车运行的协同优化编制。

1.5 研究目标和研究内容

新旧交替列车运行图是运行图变更时铁路运输组织的基础，随着适应市场需求的铁路运输产品的深入开发以及路网结构的不断升级，新旧交替列车运行图的编制会越来越频繁。但目前，针对新旧交替列车运行图的编制优化理论研究成果较少，而且编制工作缺乏信息手段支持。

1.5.1 研究目标

深入分析我国铁路新旧交替列车运行图编制业务流程，研究新旧列车运行图交替期客车车底（动车组）运用计划及新旧交替列车运行图编制理论与方法，并在理论研究的基础上，设计新旧交替列车运行图编制系统，以降低计划编制人员的劳动强度，提高新旧交替列车运行图编制的智能化水平。

1.5.2 主要研究内容

1. 车底固定运用模式下新旧列车运行图交替期客车车底运用研究

编制新旧交替列车运行图客车车底运用方案的实质就是确定新运行图中所需客车车底的来源与现执行的运行图中所运用车底的去向。在客车车底固定运用的模式下，以交替期列车停运最少为目标，建立了交替期客车车底运用优化模型，设计了客车车底运用规则，并利用人工智能算法进行求解。

2. 车底不固定运用模式下新旧列车运行图交替期客车车底运用研究

在客车车底不固定运用模式下，依据现图客车车底是否下线停运、是否满足新图客车车底需求量等情况将交替期客车车底运用优化问题进行分类，分别建立客车车底运用优化模型，结合模型特点及蚁群算法设计模型求解算法。

3. 新旧城际列车运行图交替期动车组运用研究

考虑到动车组检修、运用模式等不同于既有客车车底，分析新旧城际列车运行图交替期动车组运用问题特点，考虑动车组的检修限制和运用规则，以现图交路段与新图交路段接续成本最小为目标，建立动车组交替运用优化模型，并利用匈牙利算法对模型进行求解。

4. 新旧交替列车运行图编制研究

新旧交替列车运行方案中确定了交替期内列车每日的运行方案且每日的列车运行方案均不同，按照新图运行的列车与按照现图运行的列车间存在冲突，鉴于此，提出交替期"每日一图"的理念，研究了新旧交替列车运行图编制方法。分析了新旧交替列车运行图与列车运行图、列车运行图调整的区别和联系，建立了新旧交替列车运行图优化模型，并设计了以冲突疏解策略为核心的启发式求解思路。

5. 新旧交替列车运行图编制系统研究

铁路新旧交替列车运行图的编制急需信息化手段支持，本书分析新旧交替列车运行图编制的系统需求，构建系统总体架构，并设计各子系统功能，将主要实现新旧交替列车运行图的计算机辅助编制和不同指挥层级的信息查询、统计等目标。

第 2 章　新旧交替列车运行图编制业务分析

铁路运输系统是一个关系错综复杂的大系统，其生产过程是从一个生产环节到另一个生产环节的有序的、动态的、连续的过程，各生产部门必须协调组织各种技术设备完成规定的运输任务，应当作为运输组织基础的列车运行图变更时，车、机、工、电、辆各个部门都需要协同制定相应的交替计划，以保证所有运输任务的有序进行。在运营实际中，本书所涉及的新旧交替列车运行图编制业务流程如下所示。

当列车运行图变更时，首先由客运处编制客车车底新旧交替运用方案，将担当现图运行任务的车底指派去执行新图中的运输任务，实现旅客列车客车车底（动车组）在新图与现图间的顺利过渡。旅客列车客车车底（动车组）运用交替方案中不仅规定了新旧运行图中列车的接续方案，而且同时确定了交替期内列车每日执行的运行方案（是否按照新图时刻运行、是否按照现图时刻运行、是否停运）。客运处将编制完成的客车车底新旧交替运用方案以文件的形式向运输处、调度所、运输站段及其他相关部门进行发布。调度所根据交替期列车每日执行的运行方案，修改调度系统中基本列车运行图数据，进入新旧列车运行图交替期，调度按照计划执行，如新旧列车运行图发生冲突，由调度人员进行调整。

列车运行图的编制问题是一类 NP 完全问题，新旧列车运行图交替的时间跨度长达几日，因每日的列车运行图均不同，需编制交替期内几日的列车运行图，而且还要实现新旧图中客车车底的顺利过渡，因此，新旧交替列车运行图的编制是一项极其繁重、复杂而细致的工作。鉴于问题的复杂程度，本书采用分层决策方案，第一阶段编制新旧交替列车运行方案，重点实现旅客列车客车车底（动车组）在新图与现图间的顺利过渡，并以此为核心同时确定交替期内列车每日执行的运行图骨架（交替期列车是否按照新图时刻运行、是否按照现图时刻运行、是否暂时停运）；第二阶段以新旧交替列车运行方案为基础编制新旧交替列车运行图，此阶段重点确定交替期间每列车在各站的具体到发时刻,此阶段在铁路运营实际中被忽略,调度人员只能按照新旧交替列车运行方案执行。

编制新旧交替列车运行方案时,如果现图中参加运营的客车车底数大于新图需要的客车车底数,客运部门要指定多余的客车车底(动车组)下线停运,如果现图中参加运营的客车车底数小于新图需要的客车车底数,需指定新图中所需的额外车底(动车组)上线参加运营,由于客车车底(动车组)周转关系,导致某些列车在几日的交替期内可能出现暂时停运、按现图时刻运行、按新图时刻运行等状态。现图列车运行时刻、现图客车车底(动车组)交路方案及新图列车运行时刻、新图客车车底(动车组)交路方案是编制新旧交替列车运行方案图的基础。

新旧交替列车运行图执行时应注意:列车如由始发站按新图执行,则必须按照新运行时刻、新运行径路、新停站方案、新运行区段、新套跑方式、新担当、新编组、新车次、新票额分配、新乘务担当运行[50];列车由始发站按照现图执行,则必须按照现图客运停站、票额分配运行,以保证运行图交替不给旅客带来困扰;如新旧列车运行途中发生冲突,由调度人员进行调整,对于由于中途变点导致车底折返时间不足的由调度人员重点掌握,及时通知车站做好车底折返作业。

2.1 列车运行图变更内容分析

2.1.1 列车对数增加

随着人口快速增长、经济飞速发展,个人出行频率及全社会运输总量呈明显的上升趋势,我国铁路客运需求量远大于供给量,铁路运输部门需不断提高运输供给,满足旅客日益增长的运输需求。随着高速铁路的大规模建设和既有铁路的不断改造,我国铁路的运输能力显著提高,新线开通和既有线的扩能改造为增加列车运行对数提供了技术基础。铁路部门大力调整运输产品结构,先后推出了快速列车、朝发夕至列车、夕发朝至旅客列车、直达特快列车、旅游列车等适应市场需求的运输产品系列,取得了较好的经济效益和社会效益。每次编制新运行图都会综合考虑时下运输需求和运输设备能力增加列车对数。

2.1.2 列车对数减少

取消现图中的列车原因大致有两类：一是我国高速铁路基本上沿既有铁路线走行进行建设，在路网中形成了许多平行径路，当新线开通时，既有线上的一部分客流转移至高速铁路，既有线中部分列车停运，可将部分既有线能力释放出来开行货物列车；二是通过一段时间的运营，有些旅客列车因等级较低，运行旅行速度过低，不能满足旅客需求而导致虚糜，为优化铁路运力资源，此种类列车在编制新运行图时应停运，将浪费的运输能力释放以开行更能满足客流需求的列车。

2.1.3 列车运行时刻发生改变

列车运行时刻尤其是列车始发、终到时刻是铁路运输部门提供产品质量好坏的重要评判标准。编制旅客列车运行图时首要解决旅客出行的方便性问题，城际旅客列车，应尽可能按"夕发朝至"的要求合理确定列车始发和终到时刻。对于一般旅客列车应将始发终到时间安排在[6:00—23:00]时间范围内。随着运输设备的发展，列车的旅行速度在不断地提高，相较于现图，新编制的旅客列车在始发终到站之间运行所占用的时间在不断地减少，需对列车的始发终到时刻做出调整，而且，当新图中运输能力增加后，使原来因运输设备能力不足而导致不满足列车合理发车、终到时间范围的列车能够得到调整，使其运行时刻更趋于合理，从而为旅客提供更加便利的服务。

2.1.4 列车运行区段发生改变

"按流开车"是确定旅客列车运行区段的基本原则。所以在列车开行一段时间之后，通过一定的市场调查和预测计算，为了吸引更多客流或者防止运能虚糜，运行区段可能会相应地被延长或者缩短，需要在新图中进行改变。另外，随着高速铁路的建设，我国铁路路网规模逐渐扩大，在列车的起点和终点之间，可能会有不止一条线路，因此在选择列车运行径路时要综合分析各条线路的客流、线路通过能力、线路技术标准等情况，以取得较好的收益。

2.1.5 列车编组发生改变

我国铁路旅客列车的编组，在每次运行图执行期间都是相对固定的。编组的依据是中国国家铁路局集团有限公司（以下简称国铁集团）和各铁路局集团有限公司（以下简称铁路局集团公司）根据客流密度、列车种类、机车功率、线路情况、站线和站台长短等因素颁布的《旅客列车编组表》。每对列车的编组辆数、编组结构及车辆编挂次序一般不变动。当新品种车辆投入使用或为满足客流需求需调整列车车辆结构，如加大硬卧编组辆数等时，新图执行时客运部门会根据实际需求调整旅客列车的编组内容。

2.1.6 列车车次发生改变

在 2000 年，铁路部门重新划分了列车等级。旅客列车原来有 7 个等级，分别为：国际列车、准高速、快速、特快、直快、普快、慢车。在新的运行图中，列车等级被调整为 3 个：特快旅客列车、快速旅客列车、普通旅客列车（含普通旅客快车和普通旅客慢车）。旅客以安全快速到达目的地为旅行的第一需求，同时旅客在出行时对铁路运输服务质量的要求也在逐步提高。为了满足旅客对旅行速度和舒适性的需求，列车等级的不断提升成为了必然的发展趋势。

国铁集团颁发的铁运 [2008] 206 号文件中，发布了《列车运行图编制管理规则》的通知，其中就对列车车次的编排做出了新的规定。第一，增加了高速动车组旅客列车 G1—G9998 和城际动车组旅客列车 C1—C9998。第二，动车组、直达特快、特快和快速旅客列车均由原来的字母加三位数字变为了字母加四位数字，分别为 D1—D9998、Z1—Z9998、T1—T9998 和 K1—K9998；同时取消了管内快速列车由 N 字头表示的方法，改为 K 字头，并对跨铁路局集团公司和管内列车做出了区别。第二，临时旅客列车改为 L 加四位数字表示，其中管内临时列车由原来的 A 字头改为 L 字头。现图中不符合规定的车次将按照规定进行重新确定。例如，在 2009 年 4 月 1 日的调图中昆明—大理的 N804/1 次改为 K9604/1 次，N804/1 次停运；特快旅客列车由 T 字头加三位数字变为 T 字头加四位数字，如哈尔滨—沈阳的 T501/4 次改为 T5001/4，T501/4 次停运。

2.2 新旧列车运行图交替对相关运输组织工作的影响

2.2.1 新旧列车运行图交替对列车运行的影响

列车运行图是运用坐标原理表示列车运行时间与空间的关系，因而实际上它是对列车运行时空过程的图解。旅客列车按照列车运行图上的运行线，以 24 h 为周期，周而复始地运行。所有列车都必须严格按照列车运行图运行，即"按图行车"，才能保证列车能够安全、有序地执行运输任务，相互之间不会产生冲突。

在理想情况下，如规定了新列车运行图执行日期，则在执行日所有列车按照新图运行即可，但现实中，在执行当天有些列车按照现图在途中运行，有些列车按照新图时刻始发，现执行的运行图要经过几天的有序过渡才能保证所有列车按照新运行图顺利实施。在过渡的几天内，每日都有些列车按照现图执行，有些列车按照新图执行，直至所有列车都按照新图执行，运行图新旧交替才算完成，而过渡期内每日的运行图都不同。因此，为保证所有运输任务的有序进行，新旧列车运行图的顺利过渡，应编制交替期内每日的列车运行计划。

2.2.2 新旧列车运行图交替对客车车底运用的影响

客车车底是我国既有线铁路运输的运载工具，我国客车管理实行配属制，运用客车编成固定车底，按照列车运行图规定，担当各次列车往返运行于固定区段之间，并在其所在的配属段整备检修[51]。在理想情况下，当现图变更为新图时，执行现图列车运行任务的客车车底在新图启用日都执行新的运行计划，但我国列车旅时较长，大多直通列车的旅时都超过 24 h，在新图启用日，有很多车底按照旧时刻在途中运行，不可能瞬间转换为执行新时刻，因此怎样保证执行现图的车底转换为执行新图是新旧交替列车运行图编制的重点。为了保证新旧列车运行图顺利交替，必须将执行现图的车底指派去执行新图运行任务，现图中没有而新图中需使用的车底则需安排新车底在合适的时间和地点上线运营，新图中没有用到而现图中使用的车底则需在合适的时间和地点下线停运。新旧列车运行图交替期客车车底运用方案需指定现图中所有车底去向与新图中所需所有车底来源。

2.2.3　新旧列车运行图交替对动车组运用的影响

列车运行计划是铁路运输组织的基础，是运输管理的关键依据，各种计划的编制都是在保证列车运行图现实可行的基础上完成的。当运行图发生变化时，担当高速列车运行任务的动车组需要按照运行图要求改变运行任务，保证为运行图中的每一条运行线都分配一列状态良好的动车组，而且列车的始发、终到时刻和始发、终到车站必须与执行的运行图保持一致。城际动车组一日内在固定区段往返运行多次、夜间在站段过夜或检修，其运用特点区别于既有客车车底，需进行深入研究。

2.2.4　新旧列车运行图交替对机车运用的影响

机车是整个铁路系统的动力提供者，列车运行图和机车运转方式共同决定了机车牵引列车的工作计划，其中列车运行图是编制机车运用方案最基础的资料。在现图中和新图中，机务部门都根据列车运行图编制相应的机车周转计划，以车底周转为核心编制的新旧交替列车运行图规定了过渡期的列车运行计划，机务部门应以现图机车运用情况、新图机车运用情况、交替期列车运行计划为基础编制新旧交替列车运行图机车运用计划，以使执行现图的运行任务的机车顺利过渡到执行新图运行任务，为运行图中的每一列车提供动力。

2.2.5　新旧列车运行图交替对乘务值乘的影响

乘务计划（乘务计划包括司机乘务计划和客运乘务计划）就是在给定的列车运行图基础上、按照乘务员乘务规程、乘务基地等限制条件，对乘务员（组）在什么时间、什么地点出乘，在什么时刻、担当哪次车次，在什么时间、什么地点退乘等做出具体安排，以确保列车开行计划的实现[52]。列车运行图限定了乘务组必须完成的乘务任务，新旧列车运行图交替需经过几天才能完成，在这段时间内客运部门应根据每日运行图的具体情况编制合理编制乘务计划，使列车运行计划能够顺利完成过渡。

2.2.6　新旧列车运行图交替对车站作业组织影响

车站作业计划是铁路部门组织车站日常运转工作的基础，客运站作业计划包含内容繁多，大致包括到发线运用计划、接发车进路排列、调机运用计划等，这些计划有机联系在一起，综合利用车站各项设备，对于完成运输生产任务具有重要作用。其中，到发线运用计划是车站编制的关键性工作之一，反映运行图图定列车在站内如何有效利用车站到发线的一种计划，主要包括列车到发时刻和列车对到发线的占用[53]。为了保证列车运行图可行，通常在编制列车运行图时考虑到发线运用情况。客运站的物理布局和列车运行图是编制到发线运用计划的基础，当新旧列车运行图交替时，执行两种时刻的列车在同一站到发，既有车站作业计划不能为交替期客运站的日常工作组织提供依据，必须根据新旧交替列车运行图重新编制车站作业计划。

2.3　新旧交替列车运行方案编制方法分析

现执行的列车运行图、现图中的客车车底（动车组）交路及新列车运行图、新图中的客车车底（动车组）交路是编制新旧交替列车运行图的基础，新旧交替列车运行图方案主要解决新旧图客车车底（动车组）周转过渡问题，以保证新运行图中所有旅客运行线都有客车车底担当。

相较于现图，如果新图中的列车没有发生改变，则现图客车车底（动车组）按照原周转方式运行即可顺利执行新图运输任务，因此，本书只考虑列车发生改变时的新旧交替方案。

通过对新旧列车运行图的对比，可知新图中的列车相较于现图中对应的列车所发生的改变大概有以下几种：（1）新图中列车为新增列车；（2）现图中的列车取消；（3）列车运行时刻改变；（4）列车运行区段改变；（5）列车编组改变；（6）列车车次改变（7）列车运行时刻、运行区段、编组、车次都发生改变或两两组合发生改变。本节将针对新旧列车运行图中不同的变更内容分别研究其客车车底（动车组）的交替运用问题。

2.4 新增列车的客车车底交替方案

2.4.1 启用新的客车车底

对于使用新车底运行的旅客列车，要落实好车底来源，并培训职工早日熟悉新车底的性能，并做好检修维护工作。在落实了车底来源之后即在新图执行当日从车底配属站按照新时刻开行。例如，在 2009 年 4 月 1 日的调图中，新增列车上海—汉口 D3002/3/2/3、D3004/1/4/1 次、南京—汉口 D3052/3/2/3、D3054/1/4/1 次，合肥—汉口 D3081/D3082 次，合肥—上海 D491/4/1、D492/3/2 次，在新运行图中，这些车次列车进行车底套用，其交路如图 2-1 所示，此大交路由上海局集团公司担当，共需 2 组客车车底。因此，在新运行图执行的首日，即 4 月 1 日新客车车底由配属站上海站上线运营，D3002/3/2/3 次由上海、D3082 次由汉口，D491/4/1 由合肥，D492/3/2 次由上海均自 4 月 1 日起开行；由于车底周转关系，D3081 次由合肥，D3054/1/4/1 次由汉口，D3052/3/2/3 由南京、D3004/1/4/1 次由汉口均自 4 月 2 日起开行。

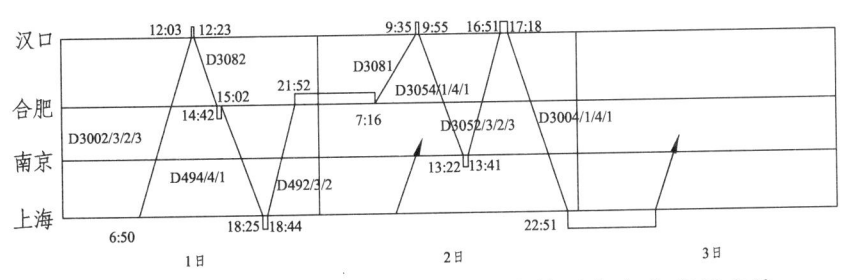

图 2-1　D3002/3/2/3、D3004/1/4/1 次等列车车底套用交路

2.4.2 运用停运列车的客车车底

对于这类列车，在按照新时刻执行之前，需对客车车底进行相关的整备。例如在 2007 年 4 月 17 日的调图中，新增列车广州—内江 1827/30/27、1829/8/9，原列车广州—内江 L109/12/09、L111/10/11 停运。新增列车与原列车编组相同，新增列车套用原客车车底，在调图前，原列车周转需要 5 组客车车底，新图中套用此客车车底列车周转需要 4 组车底，因此，在保证周转情况下使一组客车车底下线。在实际工作中，回送客车车底需要浪费巨大的运力，因此，客车车底下线应从配属站下线，此例中，有一组客车车底从车底配属站广州站下线。列车新旧交替方案如图 2-2 所示，图中细列车运行线为调图前运行列车 L109/12/09、L111/10/11、粗列车运行线为调图后运行列车 L109/12/09、L111/10/11，向下的箭头表示此客车车底下线停运。

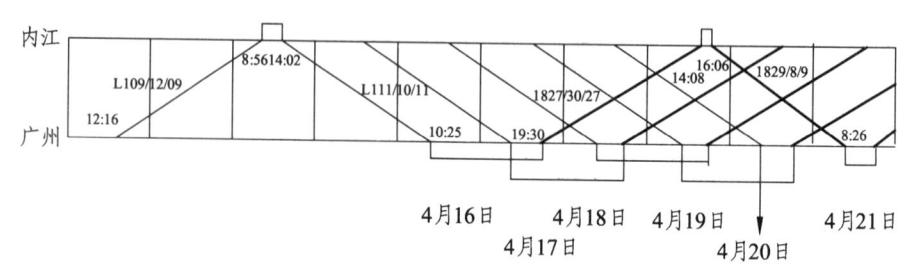

图 2-2　L109/12/09、L111/10/11、1827/30/27、1829/8/9 次列车新旧交替方案

2.4.3　套用现图列车的客车车底

在新列车运行图中，新增的列车如利用既有交路空闲时间套跑，如图 2-3 所示，因大交路没发生任何改变，因此，新旧运行图交替方案简单，新增列车可按照车底周转关系，依次开始按照新时刻运行。如大交路发生改变，则编制新旧交替方案时，只考虑控制大交路起始时间与结束时间的车底周转即可，而不关心大交路里面套跑了几列新增列车，新增列车的开行时间可在大交路新旧交替关系确定的基础上按照时间依次确定。

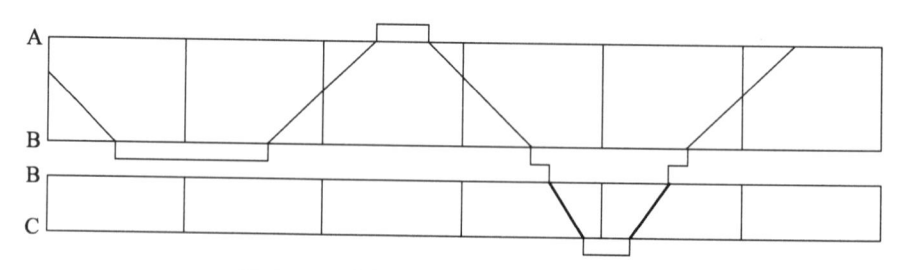

图 2-3　列车客车车底新旧交替方案

2.4.4 列车时刻改变时的客车车底交替方案

在铁路实际运营中，一般采取客车车底固定运用的模式，新图中的列车如在现图也同样存在，则仍采用原客车车底。在仅改变列车时刻的情况下，本书将新旧列车运行图交替方案大致分为以下3类。

1. 客车车底数、客车车底接续关系均不变

2007年4.18调图中，K297/300/297、K298/9/8次旅客列车仅调整了到发时刻，调整后的客车车底交路与原交路相同，因此在新图执行日4月18日，K297/300/297自广州东按新时刻开行，由于车底接续关系，K298/9/8自4月18日由厦门按新时刻开行，其客车车底新旧交替方案如图2-4所示。

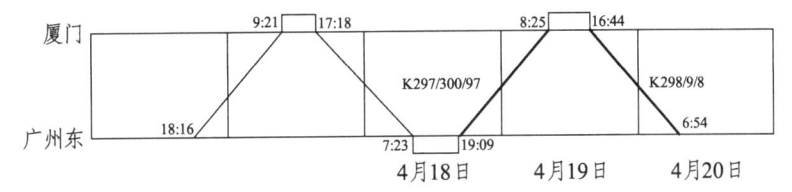

图 2-4　K297/300/297、K298/9/8次列车客车车底新旧交替方案

2. 客车车底数不变，因客车车底周转造成交替期列车暂时停运

例如，在2007年4月18日调图前，温州—广州 K328/5、K326/7次客车车底在车底配属站广州站当日接续，在折返站温州站隔日接续，共需客车车底3组，调图后，列车到发时刻发生改变，客车车底在车底配属站广州站隔日接续，在折返站温州站当日接续，仍共需客车车底3组。为了保证18日从配属站广州站能够按照新时刻始发列车，即18日 K326/7有客车车底来源，17日 K326/7 停运1日，这是停运列车最少的方案。其客车车底新旧交替方案如图2-5所示，图中虚线代表停运的列车。

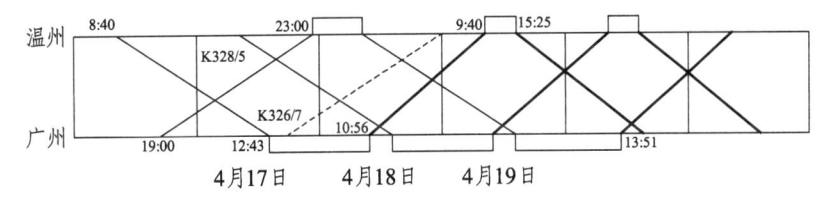

图 2-5　K328/5、K326/7次列车客车车底新旧交替方案

3. 客车车底数发生改变

调图后，有些列车到发时刻发生了调整，优化了客车车底运用，客车车底运用数量发生了改变。如广州—重庆北 1076/7、1078/5 次，在原运行图中列车周转共需 4 组客车车底，列车时刻调整后，此对列车周转共需 3 组客车车底，需有一组客车车底下线，在此例中有一组车底 17 日下线运营，造成 17 日 1076/7 次列车由于没有车底而停运，如这组车底推迟下线时间，17 日始发的 1076/7 次列车会在 19 日折返，新旧交替方案规定，一般情况下，按新时刻运行的旅客列车自开行之日起，相同区段对应的旧车次列车一律停运，此例中如果推迟车底下线时间则在 19 日相同车次的两列车从同一站始发，不符合规定。因此，在停运列车最少的前提下，其客车车底新旧交替方案只能如图 2-6 所示。

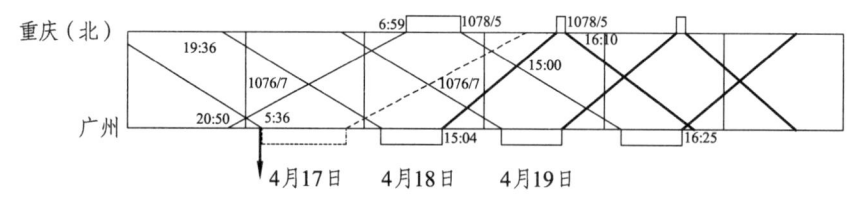

图 2-6 广州—重庆北 1076/7、1078/5 次列车客车车底新旧交替方案

2.4.5 列车运行区段改变时的客车车底交替方案

运行区段的改变主要指改变列车始发站或终到站，对于客车车底周转，关心的是列车的始发、终到时间及列车运行时间。

1. 客车车底数、客车车底接续关系均不变

当列车运行区段改变而造成列车始发、终到时间发生改变，但列车终到时刻与始发新时刻之间的接续关系与原接续关系相同，且列车周转所需客车车底数量没有发生改变，则新旧交替方案相对容易。例如 2007 年 4 月 18 日调图中，K222/3、K224/1 次旅客列车的运行区段由广州—扬州延长为广州—泰州，客车车底周转关系没有发生改变，所以 K222/3 次自新图执行日 4 月 18 日由车底配属站广州站按照新时刻始发，K224/1 自 4 月 19 日由泰州按新时刻始发，其客车车底新旧交替方案只能如图 2-7 所示。同理，K533/6/3、K534/5/4 次旅客列车运行区段由怀化—无锡

缩短为怀化—上海南，客车车底交路没有发生改变，K534/5/4次自4月18日由车底配属站怀化站按新时刻开行，K533/6/3次自4月19日由上海南按新时刻开行，其客车车底新旧交替方案只能如图2-8所示。

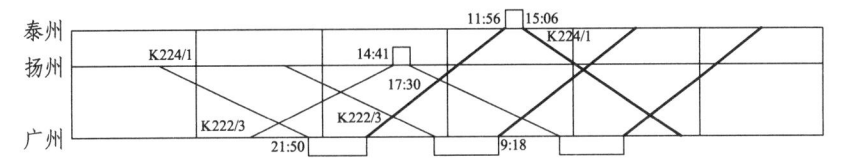

图2-7 K222/3、K224/1次列车客车车底新旧交替方案

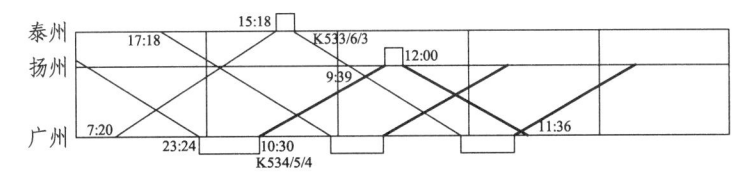

图2-8 K533/6/3、K534/5/4次列车客车车底新旧交替方案

2. 客车车底数不变，因客车车底周转造成交替期列车暂时停运

当列车运行区段的改变不仅造成列车时刻发生改变，且交路形式发生改变，则新旧图交替可能引起列车暂时停运。例如，在图2-9示例中，假设4月18日调图前此对列车客车车底在配属站C站当日接续，在折返站B站隔日接续，共需要3组客车车底，调图后，列车运行区段延长，由于到发时刻的改变，客车车底在C站隔日接续，在A站当日接续，客车车底交路形式发生改变，但仍需3组客车车底。为了保证新图执行日4月18日列车能够按照新时刻从C站始发，17日到达的客车车底接续18日始发的新列车，这样就造成17日从C站始发列车停运。

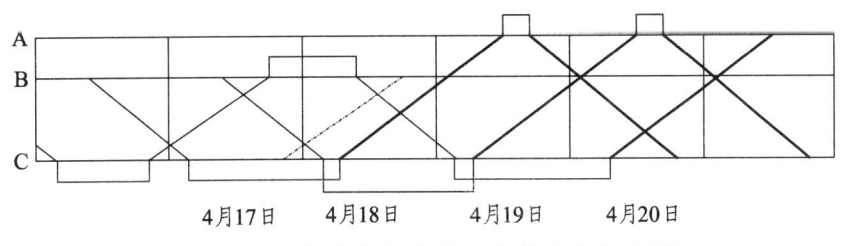

图2-9 列车客车车底新旧交替方案示意图

3. 客车车底数发生改变

当列车运行区段的改变不仅造成列车时刻发生改变，而且所需车底数量发生改变，则新旧图交替必然引起客车车底上下线，且有可能因车底周转关系造成列车暂时停运。例如，在图 2-10 示例中，假设 4 月 18 日调图前此对列车客车车底在配属站 C 站隔日接续，在折返站 A 站隔日接续，共需要 4 组客车车底，调图后，列车运行区段缩短，由于到发时刻的改变，客车车底在 C 站隔日接续，在 B 站当日接续，客车车底交路形式发生改变，共需 3 组客车车底，必然有 1 组车底下线停运。16 日运行至 C 站的客车车底可以接续 17 日从 C 站始发的列车，此客车车底如下线则必须运行至配属站 C，则此列车必须在 19 日从 A 站折返，19 日将会有两列车次相同的列车始发。新旧交替方案规定在一般情况下，按新时刻运行的旅客列车自开行之日起，相同区段对应的旧车次列车一律停运，因此，16 日运行至 C 站的客车车底应下线停运，新图执行前一日 17 日从 C 站始发的列车停运。

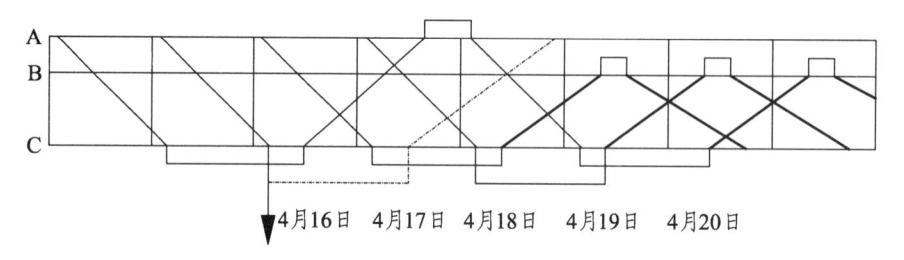

图 2-10 列车客车车底新旧交替方案示意图

2.4.6 其他情况下的客车车底交替方案

1. 列车编组改变时客车车底交替方案

当列车编组发生改变时，可采用的客车车底大致有 3 种来源：第一种是启用新客车车底；第二种是采用停运列车的客车车底；第三种是改造相对应的既有客车车底。

第一种情况最简单，新客车车底在新运行图执行日上线运营，如果编组改变后的列车周转需要 n 组客车车底，则需上线 n 组客车车底即可。

第二种情况与采用停运客车车底执行新增列车的情况相同，在制定新旧交替方案时，需考虑停运列车到达配属站的时间、新图中列车从配属站出发时间及新旧图中列车周转所各需的客车车底组数。

第三种情况相当于新旧图客车车底周转无变化，编制新旧交替运行图方案简单，但值得注意的是，新编组均应按时从车底配属站上线，方案中要明确指出列车新编组从配属站启用日期，便于车辆等其他部门协同配合。

2. 列车车次改变时客车车底交替方案

相对于现图，新图中仅列车车次发生改变，列车终到、始发时刻不变而且客车车底在运行区段两端的接续关系也没有发生改变，新车次列车仍采用原客车车底，新旧交替运行图方案简单。

3. 现图列车停运时客车车底交替方案

现图停运列车的去向已在新图客车车底来源中安排，如停运的客车车底在新图中不再启用，直接下线即可。

2.4.7 新旧交替列车运行方案编制机理

以上针对新旧列车运行图中不同的变更内容，分别研究了客车车底交替运用方案，在运营实际中，运行图变更内容可能不单一，列车运行时刻、运行区段、列车编组、列车车次可能都发生改变或两两组合发生改变，这时编制列车运行图新旧交替方案需综合运用上述方法。运行图变更内容多样，但深入分析上述方法可得到以下规律：

（1）在新旧列车运行图交替过程中，由于车底周转原因，可能导致现图中部分列车因无客车车底执行而停运，列车停运会给旅客和运输企业造成损失，所以应尽可能避免停运。

（2）因新图列车与现图列车均在车底配属站接续，不论新图中列车发生何种改变，编制新旧交替方案时只需考虑以下几个因素：现图列车终到配属站的时间、新图列车从配属站始发的时间、客车车底在配属站的接续时间标准及新图与现图列车周转所各需的客车车底组数。

（3）在新图执行日，列车必须按照新时刻从配属站始发，而且由于车底周转原因导致的停运列车只能为交替期内的现图列车，列车按照新图运营后不得再停运。

（4）相较于新图，现图中多余的客车车底必须下线停运，为了不产生车底的回送，多余的客车车底必须运行至车底配属站后才能下线停运。

（5）当新图中运行的列车采用新客车车底时，为保证新图列车按新时刻开行和周转，所需的几组客车车底必须从车底配属站依次序上线。

（6）编制新旧交替列车运行图一个重要的约束是，按新时刻运行的旅客列车自开行之日起，相同区段对应的旧车次列车一律停运，由此，可能因客车车底提前下线而造成列车暂时停运。

第 3 章 列车运行图编制关键技术研究

3.1 列车运行图编制理论基础

3.1.1 列车运行图组成因素

列车运行图由一系列因素组成，这些因素根据在编制阶段是否已知可以分为已知因素和决策因素两类。其中已知因素包括列车运行图的前置计划即开行方案和可被提前确定的相关参数，例如列车始发时刻、区间纯运行时分、起停车附加时分和安全间隔时间等。而决策因素是在所有已知因素的基础上，根据特定的列车运行图编制目标确定的未知决策变量，而最终的列车运行图是由这些决策变量的具体取值所决定的，如列车停站时间或列车到发时刻。下文将对这些因素进行具体介绍与分析。

1. 列车开行方案

列车开行方案是根据旅客出行需求大致确定铁路运输服务的框架性计划，包含了 3 项重要内容：列车数量、运行径路和停站方案。一个简单的列车开行方案图例如图 3-1 所示。

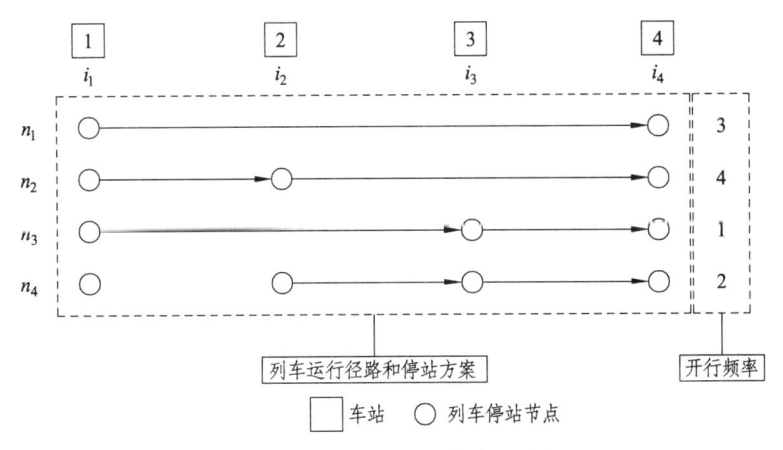

图 3-1 列车开行方案图例

图中考虑了一条包含 4 个车站 $\{i_1, i_2, i_3, i_4\}$ 的铁路线路，开行方案规定在该线路上运营 4 种列车服务 $\{n_1, n_2, n_3, n_4\}$，每种列车服务有其相应的运行径路和停站方案，例如 n_4 的运行径路是由始发站 i_2 前往终到站 i_4，中间经停 i_3。每一种列车服务右侧的数字代表其开行频率，因此该线路相应的列车运行图的列车数量为 3+4+1+2=10。

停站方案是开行方案中的一项重要内容，它规定了列车在途经车站是否应当停站。在实际工作中，有两种原因要求列车在中间站停站：一是满足旅客需求，当一部分乘车旅客的目的地或一部分购票旅客的出发地是某一中间站时，列车需要在该站停站供上述旅客乘降以满足其出行需求；二是满足行车组织需求，在运行图编制阶段需要避免列车冲突，尤其在能力紧张的繁忙单线铁路，灵活调整列车停站是避免冲突的常用手段。前者通常被称为营业性停站，主要在开行方案编制阶段考虑；而后者通常被称为技术性停站，主要在列车运行图编制阶段考虑，由于二者考虑的因素和时机不同，可能会在运行图编制阶段出现冲突，即为了保证计划可行，不得不改变开行方案规定的停站方案以满足行车组织的需要，进而导致部分旅客的出行需求无法得到满足，如一些研究中提出的"跳停"策略。还有一些研究提出了开行方案和列车运行图的协同或整合优化方法来解决这一问题，但由于传统方法的局限性，整合优化模型通常会产生一个规模庞大的模型实例，难以快速求解。

2. 列车始发时刻

在确定列车数量和运营时间范围后，通常采用均匀分布的方式计算所有列车的始发时刻。由于列车的旅行过程具有连续性，始发时刻对于列车在后续车站的到发时刻有重要的影响。尽管允许始发时刻在一定范围内波动并将其纳入决策因素中进行统筹考虑通常会得到更优的结果。

3. 区间纯运行时分和起停车附加时分

列车在区间中的旅行过程通常是连续的,在实际工作和理论研究中，为了简化这一连续过程，通常将其离散化为 3 个阶段：（1）如果列车在区间后方站停车，则存在一个加速阶段；（2）如果列车在区间前方站停车，则存在一个减速阶段；（3）在加速和减速阶段之间，列车以恒定的速度运行。在每个区间，3 个阶段所花费的时间均可以根据线路平面、纵断面条件和列车参数等已知数据计算获得，分别被称为起、停车附加时分和区间纯运行时分。根据列车是否在区间后方站和前方站停车，即可唯一确定列车在该区间的旅行过程和时间，一个简单的示例如图 3-2 所示。

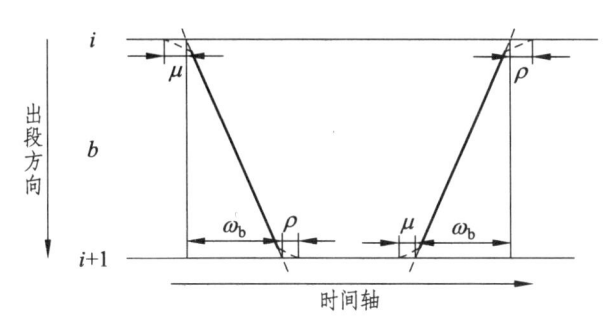

图 3-2　列车在区间中旅行过程图例

图 3-2 考虑了一列下行列车（左侧线段）和一列上行列车（右侧线段）在区间 b 的旅行过程，区间的后方站和前方站分别用 i 和 $i+1$ 表示。已知区间纯运行时分和起停车附加时分分别为 ω_b，μ 和 ρ，假设用 0-1 变量 y_i 和 y_{i+1} 表示下行列车是否在车站 i 和 $i+1$ 停车，其中 1 代表停车而 0 代表通过，则下行列车在区间的运行时间可以唯一确定为 $\omega_b + y_i \cdot \mu + y_{i+1} \cdot \rho$；同理可计算上行列车在区间的运行时间，和下行列车的区别在于其行驶方向是从 $i+1$ 至 i，假设用 0-1 变量 y_i' 和 y_{i+1}' 表示上行列车是否在车站 i 和 $i+1$ 停车，则区间运行时间为 $\omega_b + y_{i+1}' \cdot \mu + y_i' \cdot \rho$。

4．安全间隔时间

为了确保安全运输，铁路系统规定区间中任意两列相邻的列车必须满足一定的间隔时间。在轨道、列车、信号和闭塞等设备类型不同的铁路线路中，安全间隔时间的设置存在很大差异。例如，在半自动闭塞的单线铁路中，需要考虑不同时到达间隔时间、会车间隔时间和连发间隔时间等；而在自动闭塞的高速铁路中，需要考虑的是追踪间隔时间等。本书考虑的所有安全间隔时间将在 3.3 节中详细介绍，本节不再赘述。

5．列车停站时间和列车到发时刻

在数学建模中，列车停站时间和到发时刻是两种不同的决策变量，会产生两种不同的数学模型。但在始发时刻已知的情况下，二者可以互相推导，即列车在车站的出发时刻等于在该站的到达时刻加上停站时间，所以将它们同列于此。

为了满足营业性停站或技术性停站的需求，通常会规定列车在车站的最短停站时间；同时，为了避免列车在车站长时间停站以降低服务质量，在研究中通常也会规定最长停站时间，这也是降低问题复杂度的一个重要手段。如果列车在某车站停站，则停站时间介于最短停站时间和最长停站时间之间；如果列车不停站通过该站，则停站时间自然取 0。因此，停站时间的取值范围是一个不连续的整数集合。

理论上，列车到发时刻可以在运营时间范围内取任意值。但如上文所述，列车运行过程具有连续性，所以列车到达某些特定时刻的概率是非常小的，如图 3-3 所示的左侧虚线包围的三角区。因此，若以到发时刻为决策变量，有一些取值必然是不可行的，必须引入额外的约束条件来过滤掉不可行解。此外到发时刻的取值范围通常远高于停站时间的取值范围。

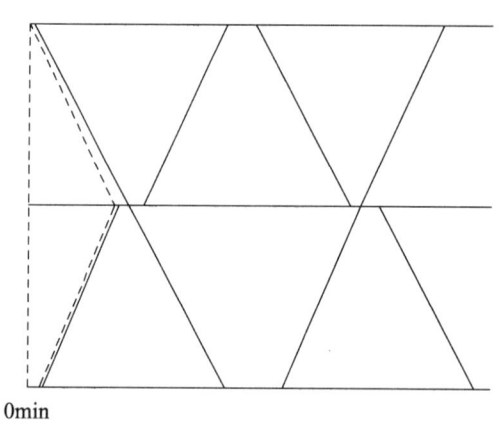

0min

图 3-3 列车运行线不可能到达的区域示例

3.1.2 列车运行图编制目标

旅客列车运行图的编制主要考虑铁路运输的两个参与主体即铁路企业和旅客的利益。具体分析如下：

1. 铁路企业方面

（1）最小化列车总旅行时间。

在满足营业性和技术性停站要求的情况下，尽可能减少列车的旅行时间对于铁路企业是非常有利的。首先，列车的旅行时间越短有利于更快的列车周转，能在有限的运营时间范围内以相同的机车车辆（动车组）提供更多的列车服务，以满足更多的旅客出行需求。其次，有利于降低旅客的旅行时间，而旅行时间通常是旅客考虑交通工具的首要因素，从而提升铁路企业的市场竞争力。

（2）最小化总运营成本。

该目标常见于早期的研究中，由于有限的设施设备，必须要精细地控制运营成本，成本的主要考虑因素是机车车辆的运用数量，也有少部分研究考虑机车车辆的购置费用、维修费用和折旧费用等因素，但它们难以被准确地量化。由于追求成本最小化通常会导致铁路服务质量下降，进而降低铁路企业的经济与社会效益，该编制目标在目前的研究中已经很少见到。

（3）最大化总运营利润。

铁路企业的运营利润等于客票收入减去运营成本，由于客票收入相对固定，所以该目标在很大程度上相当于最小化总运营成本。

2. 旅客方面

（1）最小化旅客总旅行时间。

从经济学的角度来看，人的时间可直接或间接地产生经济价值，而旅行所花费的时间则很难产生价值。人类的活动通常以最大化自身价值为目标，因此最小化旅行时间是旅客出行选择考虑的重要目标。此外，降低旅客的旅行时间还有利于降低旅客在旅途中产生的疲劳感，进而提升旅客的出行满意度。

（2）最小化旅客广义出行成本。

有些研究根据旅客的出行过程，将旅行时间细分为进站时间、上车时间、在车时间、下车时间和出站时间，再根据各个部分的重要性主观地赋予相应的权重系数，最后将它们组合为广义旅行时间。还有的研究考虑了票价、旅行时间、拥挤度和出行偏好等因素，将它们用不同的权重系数转化为相同的量纲，然后组合为广义出行成本，但实际上这些因素是很难准确量化的，主观确定的权重系数也很难准确反映客观情况。

综上分析，本书认为在列车运行图编制阶段，最重要的目标是最小化列车总旅行时间。中国铁路基于提前订票和票座对应的规则来组织旅客运输，列车和购票旅客的旅行路径基本一致。因此，尽管列车的旅行时间并不一定完全等同于购票旅客的旅行时间，但前者在很大程度上可以代表后者，而后者正是旅客广义出行成本的主要部分。根据 2.1.1 节的分析，列车旅行时间是由停站时间、区间纯运行时分和起停车附加时分决定的，因此编制目标可以进一步简化为最小化列车停站时间。

3.2 基于深度强化学习的列车运行图优化

本节的主要内容是构建关于 TTP 的模拟环境，并使用已被证明至少能收敛至局部最优解的单智能体 DRL 算法与该模拟环境进行交互来训练一个可以用于求解特定 TTP 案例的智能体。在 DRL 方法论中，模拟环境是一种特殊的、专用于与智能体进行交互的序列决策模型（或 MDP 模型），需要满足马尔可夫性（又称无后效性）的要求。而使用单智能体算法的原因是这类算法的收敛性具有完备的理论证明，能最大程度避免算法的因素对方法性能的影响，由此验证模拟环境的正确性和 DRL 技术在 TTP 上的应用可行性。

3.2.1 问题描述

本小节考虑一个中观层面的、单双线铁路线路通用的旅客列车运行图优化问题，以最小化列车总停站时间为优化目标。旨在根据已知的列车数量、运行径路、始发时刻、停站方案以及系统参数包括区间纯运行时分和起停车附加时分等以及所有必要的约束条件，确定所有列车在中间站的停站时间，进而确定所有列车在所有车站的到达和出发时刻。

图 3-4 为线路结构示意图（以单线铁路为例），图中包含 3 个车站和 2 个区间，机务段位于车站 1 附近，因此从车站 1 驶离的列车被称为下行列车，驶向车站 1 的列车则被称为上行列车。更一般地，令 $I = \{1, 2, \cdots, \overline{I}\}$

表示车站序列，其中每一个车站 $i \in I$ 拥有数条到发线供列车进行交会和待避，机务段所在站被设为始发站即 $i=1$，车站之间由一系列区间 $B=\{1,2,...,\overline{B}\}$ 所连接。

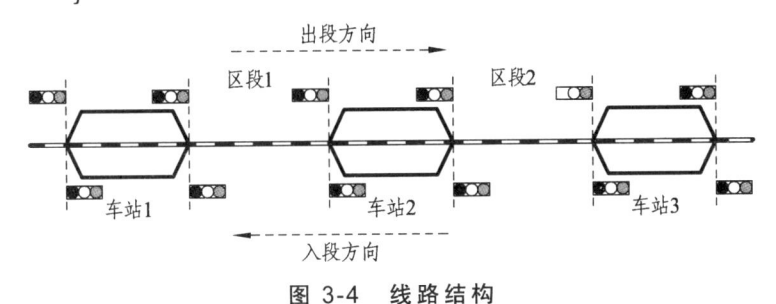

图 3-4 线路结构

TTP 是一个典型的具有序列决策特点的优化问题，可以通过多种不同的维度将其转化为序列决策模型，从而构建 DRL 框架中的模拟环境。目前有 3 种模拟环境分别是以时间维度（如 1 min）、空间维度（如一个区间）和列车维度（如一列车）作为时间步划分单位构建而成的，为了简便起见，本书将它们简称为时间序列环境，空间序列环境和列车序列环境。对比这 3 类环境，时间序列环境和空间序列环境能满足 MDP 模型对于马尔可夫性的要求，但列车序列环境不满足。因为对于前两者，时间步之间的状态转换关系能够成立意味着所有已规划的列车计划之间不存在冲突，即能够保证在之前的时间和空间内完成的列车计划没有冲突且不会与后续的列车计划之间发生冲突，因此，在每个时间步的决策中不再需要关注过去时间步的信息，满足马尔可夫性的要求。但对于列车序列环境，所有列车之间的时空关系是不能在任意时间步确定的，为了保证至少获得可行的列车运行图，必须在每个时间步对当前列车和过去已规划列车进行约束检查，换言之任何时间步的决策都必须考虑过去的决策信息，这显然是不满足马尔可夫性的。此外，由于时间序列环境的时间步划分单位过于细致（通常为 1 min），其时间步总数一般远大于空间序列环境，因此求解效率较低，但更适用于微观层面的问题。

综上所述，本节选择以区间为单位构建关于 TTP 的空间序列模拟环境，并使用有最优解收敛保证的单智能体 DRL 算法对模拟环境的有效性和 DRL 技术求解 TTP 的可行性进行验证。

3.2.2 建模思路与符号表示

假设列车以最高运营速度运行来最大化线路的通过能力且不考虑列车在车站内的微观运行过程，列车在区间内的旅行时间可以被离散化为 3 部分：纯运行时间，起车附加时间和停车附加时间，三者均为已知参数。当列车在一个区间的后方站停车而非通过时，列车起动会损耗额外的时间，因此需要在纯运行时间的基础上加上起车附加时间；同理，当列车在区间的前方站停车时，需要再加上额外损耗的停车附加时间。由此，只要能获知列车在上一个车站的出发时刻和是否停站的先验信息，然后确定列车在下一个车站的停站时间，就可以计算得到列车在下一个车站的到达和出发时刻。依此类推，在已知列车始发时刻的条件下（在始发站默认为停站），可以逐区间地顺序推导出整张列车运行图。

基于上述思想，图 3-5 模拟了环境状态在时间步 t 受智能体行动影响而转换至时间步 $t+1$ 的系统动态。

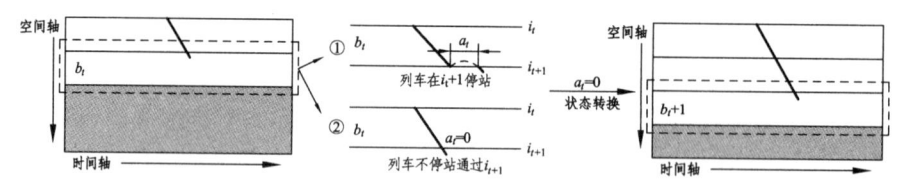

（a）阶段 t 的环境状态 （b）智能体在阶段 t 选择行动 （c）阶段 $t+1$ 的环境状态

图 3-5 系统动态示意图

其中，图 3-5（a）和 3-5（c）使用简化版的列车运行图来表示不同时间步的环境状态。时间轴和空间轴分别表示时间增加的方向和下行方向。简化版的运行图由多个矩形纵向堆叠组成，每个矩形代表一个区间，其序号沿下行方向依次递增，内部填充为白色的矩形表示该区间的列车旅行过程将在当前时间步由智能体做出决策（外侧被虚线矩形框围绕）或者在过去的时间步已经确定，而灰色的矩形则表示该区间的列车旅行过程将在未来确定，图中的实线代表一段已经确定的列车旅行过程（为了简化表示，此处仅考虑了一列车）。时间步 t 关注的区间由序号 b_t 表示，它链接了后方站 i_t 和前方站 i_t+1。图 3-5（b）中，列车在车站 i_t+1 的停站时间 a_t 由它的代理智能体决定（在下文中将不再明确地区分列车和它的代理智能体这两种概念,因为在 RL 方法中它们的意义是相同的),简而言之,可能存在两种情况:①列车在 i_t+1 停站 a_t min,即 $a_t \neq 0$;②列车不停站通过 i_t+1,即 $a_t=0$。给定列车在车站 i_t 是否停站和出发时刻,当 a_t 一经决定(此处选择② $a_t=0$),那么列车在车站 i_t+1 的到达和出发时刻就可以被计算得到,因而列车在区间 b_t 中的旅行过程就确定了。然后,当环境进入下一时间步 $t+1$ 时,区间 b_t 的前方站 i_t+1 成为了区间 b_{t+1} 的后方站 i_{t+1},而上一时间步所确定的列车在车站 i_t+1 是否停站(由 a_t 确定)和出发时刻就可以作为当前时间步的先验信息,以供智能体选择行动 a_{t+1} 并确定相应列车在区间 b_{t+1} 的旅行过程。通过上述方式,只要给定列车在始发站的出发时刻,通过在每个时间步与智能体进行互动,环境就能逐步模拟得到列车在所有区间的旅行过程,即完整的列车运行图。

除了对系统动态进行准确建模之外,环境还需要在模拟过程中为每个智能体提供奖励信号以评估其当前行动的"好坏",奖励信号将在之后的训练过程中用于改进智能体的策略。此外,在训练初期智能体还未学习到最优策略前,模拟过程中出现列车冲突是极为常见的,这会导致模拟过程中断,因此环境必须具有回滚或重置的功能。上述涉及环境的另外两个重要功能:约束检查和奖励分配。当所有列车在某一区间中的旅行过程确定之后,就能够获取它们在区间后方站和前方站的到达、出发时刻,基于这些已知数据可以检测所有列车是否违反预定的约束条件。如果有列车违反了约束,则给予对应代理智能体一个"坏"的奖励,以惩罚其导致列车冲突的行为,并在下一时间步重置环境至初始状态,即令所有列车回到始发站;反之,如果没有列车违反约束,则正常进行奖励分配,并执行下一个时间步的模拟过程。使用的全部数学符号及相关定义见表 3-1。

表 3-1 模拟环境中使用的数学符号及定义

符号	定义
$I=\{1,2,\cdots,\bar{I}\}$	车站集,其中 $\bar{I}$ 表示车站总数
$B=\{1,2,\cdots,\bar{B}\}$	区间集,其中 $\bar{B}$ 表示区间总数
$N=\{1,2,\cdots,\bar{N}\}$	列车集,其中 $\bar{N}$ 表示列车总数

续表

符号	定义
$\hat{D} = \{\hat{d}_1, \hat{d}_2, \cdots, \hat{d}_b\}$	站间距集（km），其中 b 代表区间序号
$\hat{V} = \{\hat{v}_1, \hat{v}_2, \cdots, \hat{v}_n\}$	列车速度集（km/h），其中 n 代表列车序号
t	时间步序号
T	一个回合的终止时间步
b_t	时间步 t 所关注的区间序号
i_t, i_t+1	时间步 t 所关注区间的后方站和前方站
n, n'	列车序号
S_t	时间步 t 的列车状态集合
s_t^n	列车 n 在时间步 t 的局部状态
x_t^n	列车 n 在车站 i_t 的出发时刻
y_t^n	表示列车 n 在车站 i_t 是否停站的二元变量
z_t^n	表示列车 n 运行方向的二元变量
d_{t+1}^n	列车 n 在车站 i_t+1 的到达时刻
S_{init}	列车初始状态集合
s_{init}^n	列车 n 的局部初始状态
x_{init}^n	预定的列车 n 的始发时刻
y_{init}^n	恒等于 1 的常量，默认列车在始发站停站
z_{init}^n	表示列车 n 运行方向的二元变量，z_t^n 恒等于 z_{init}^n
S_T	终止状态
A_t	时间步 t 的智能体行动集合
a_t^n	列车 n 在时间步 t 的局部行动
U	可选行动集
$\overline{U}$	可选行动的总数
$u_{\min}, u_{\max}$	列车的最小和最大停站时间
$S_{t+1} \sim P(S_t, A_t)$	时间步 t 至时间步 $t+1$ 的系统转换动态
$w_{b_t}^n$	列车 n 在区间 b_t 的纯运行时间
μ, ρ	起、停车附加时分

续表

符号	定义
φ	不同时到达时间间隔
ϕ	会车时间间隔
η	连发时间间隔
ψ	追踪时间间隔
p_{i_t}, p_{i_t+1}	车站 i_t, i_t+1 的虚拟空间坐标
H	运营时间范围（以分钟为单位）
$\underline{H}, \overline{H}$	运营时间范围的下限与上限
c_n	表示列车 n 是否违背约束条件的二元变量
R_{t+1}	所有列车在时间步 $t+1$ 收到的奖励集合
r_{t+1}^n	列车 n 在时间步 $t+1$ 收到的局部奖励
M	足够大的正数常量

3.2.3 单、双线列车运行图优化问题的通用模拟环境构建

1. 系统动态转换

给定基础设施的信息、开行方案和列车始发时刻，系统动态模块将按下行方向，以区间为单位顺序模拟所有列车 $N = \{1, 2, \cdots, \overline{N}\}$ 在所有区间 $B = \{1, 2, \cdots, \overline{B}\}$ 中的旅行过程。环境在时间步 t 的状态 $S_t = \{s_t^1, s_t^2, \cdots, s_t^n, \cdots, s_t^{\overline{N}} | n \in N\}$ 由所有列车的局部状态 s_t^n 组成，每一列车的局部状态 $s_t^n = (x_t^n, y_t^n, z_t^n)$ 包含 3 个属性：$x_t^n \in H$ 表示列车 n 在车站 i_t 的出发时刻，H 表示运营时间范围（min）；y_t^n 为二元变量，表示列车 n 在车站 i_t 是否停站，如果停站，则 $y_t^n = 1$，否则 $y_t^n = 0$；z_t^n 为二元变量，表示列车 n 在当前时间步的运行方向，如果是下行方向，则 $z_t^n = 0$，否则 $z_t^n = 1$。所有列车的运行方向由开行方案唯一确定。为了简化描述与符号表示，本书以下行方向为参照整合了下行和上行列车的旅行过程描述和符号表示，例如文中所述一列上行列车的始发时刻，实际上应当是它的终到时刻，这是由于上行列车

的旅行过程与下行列车完全相反，因此它们的系统动态建模完全不同，在文中各个列车的运行方向根据 z_t^n 来进行区分。

在智能体接收到环境状态 S_t 后，必须决定所有列车的组合行动选择 $A_t = \left\{ a_t^1, a_t^2, \cdots, a_t^n, \cdots, a_t^{\overline{N}} \mid n \in N \right\}$。$a_t^n$ 表示列车 n 在区间 b_t 前方站 i_t+1 的停站时间，每列车的行动 a_t^n 选自一个预定的可选行动整数集 $U \subset \mathbb{Z}$。U 中包含 0 与一个最小停站时间 $u_{\min}$ 到最大停站时间 $u_{\max}$ 的整数序列（单位为 1min），其中，$a_t^n = 0$ 表示列车 n 不停站通过 i_t+1；$u_{\min}$ 用以确保旅客有足够的时间乘降，以及与其他列车的会让与待避；$u_{\max}$ 用以避免列车长时间停站而导致线路通过能力与服务水平下降，并降低行动空间的规模。每一个本地行动 a_t^n 的可能取值数量为可选行动集的模 $\overline{U}$，因此通过枚举能够确定可能存在的组合行动数为 $\overline{U}^{\overline{N}}$。在执行计算之前需要首先建立包含所有组合行动的枚举集合，然后在行动选择中通过指针来确定具体的组合行动。

当所有智能体完成时间步 t 的决策后，环境将进入下一个时间步 $t+1$，新的状态由系统动态模块根据时间步 t 的状态和行动计算：$S_{t+1} \sim P(S_t, A_t)$。首先计算列车在车站 i_t+1（即 i_{t+1}）的到达时刻，如式（3-1）所示。

$$d_{t+1}^n = \begin{cases} x_t^n + w_{b_t}^n + \mu \cdot y_t^n + \rho \cdot \Theta\left(a_t^n\right), & \text{如果 } z_t^n = 0 \\ x_t^n - w_{b_t}^n - \mu \cdot \Theta\left(a_t^n\right) - \rho \cdot y_t^n, & \text{否则} \end{cases}, \forall n \in N \quad (3\text{-}1)$$

式中，$w_{b_t}^n = \hat{d}_{b_t} / \hat{v}_n \cdot 60$，$\hat{d}_{b_t}$ 和 $\hat{v}_n$ 分别代表区间 b_t 的站间距（km）和列车 n 的运行速度（km/h）。μ 和 ρ 分别是起、停车附加时间。$\Theta\left(a_t^n\right)$ 是阶跃函数，用于根据停站时间判别列车是否停站，当 $a_t^n = 0$ 时，$\Theta\left(a_t^n\right) = 0$，否则 $\Theta\left(a_t^n\right) = 1$。对于下行列车（$z_t^n = 0$），如果它在车站 i_t 停站（$y_t^n = 1$），则需要在 w_{b_t} 的基础上附加列车启动的时间 μ，同理，如果它在车站 i_t+1 停站 $\left[\Theta\left(a_t^n\right)\right] = 1$，则需要附加列车制动的时间 ρ；而对于上行列车（$z_t^n = 1$），此计算过程则完全相反。

然后，根据所有列车在车站 i_t+1 的到达时刻和停站时间可以推算它们的出发时刻，如式（3-2）所示。

$$x_{t+1}^n = \begin{cases} d_{t+1}^n + a_t^n, \text{如果 } z_t^n = 0 \\ d_{t+1}^n - a_t^n, \text{否则} \end{cases}, \forall n \in N \qquad (3\text{-}2)$$

根据上述过程可以获知每列车在区间 b_t 两端车站是否停站以及到达和出发时刻，在进行环境状态转换之前，需要检测所有列车是否遵守约束条件（详见第 3.3.2 节）。如果不存在列车冲突，环境将在时间步 $t+1$ 给智能体发送新的环境状态 S_{t+1} 以供其决策，并进行区间 b_{t+1} 的旅行过程推理。对于每列车在时间步 $t+1$ 的本地状态 $s_{t+1}^n = \left(x_{t+1}^n, y_{t+1}^n, z_{t+1}^n \right)$：$x_{t+1}^n$ 通过式（3-2）计算得到；y_{t+1}^n 等于 $\Theta\left(a_t^n\right)$；而 z_{t+1}^n 恒等于 z_t^n（下行和上行列车运行方向不变）。如果存在列车冲突，则在时间步 $t+1$ 将环境重置为初始状态，即 $S_{t+1} = S_{init}$。对于每列车的初始状态 $s_{init}^n = \left(x_{init}^n, y_{init}^n, z_{init}^n \right)$：$x_{init}^n$ 为给定的列车始发时刻；y_{init}^n 恒等于 1（假定列车在始发站停站）；z_{init}^n 由开行方案确定。

2．约束检测

为了进行奖励分配和避免列车冲突，需要在当前时间步 t 根据已获得的列车状态信息（s_t^n 和 s_{t+1}^n）对所有列车进行约束检测。

在单线铁路系统中，任意两列对向运行的列车必须遵守两种安全间隔时间约束：不同时到达时间间隔和会车时间间隔如图 3-6 所示。

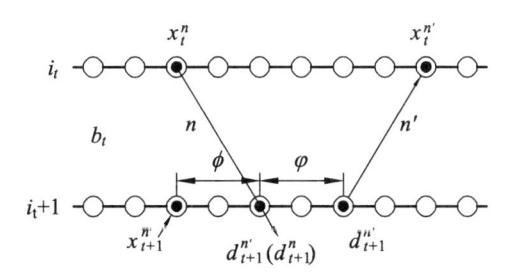

图 3-6 不同时到达时间间隔与会车时间间隔示意图

图 3-6 中，两条平行的线段分别代表车站 i_t 和 i_t+1，线段上均匀分布的圆表示时间节点，以 1 min 为单位，两条斜线分别代表两列对向运行的列车 n 和 n'，它们在车站的到达、出发时刻表示为时间节点中的对应

的圆形。对列车 n 和 n'，需要遵守不同时到达时间间隔约束和会车时间间隔约束，即后行列车 n' 和前行列 n 车在车站 i_t+1 的到达时间之差应不小于 ϕ；后行列车 n' 和先行列车 n 在车站 i_t+1 的出发时间之差应不小于 φ，如式（3-3）和式（3-4）所示。

$$d_{t+1}^n - x_{t+1}^{n'} \geq \phi, \forall n, n' \in N, n \neq n' \qquad (3\text{-}3)$$

$$d_{t+1}^{n'} - d_{t+1}^n \geq \varphi, \forall n, n' \in N, n \neq n' \qquad (3\text{-}4)$$

对于任意两列同向运行的列车，当它们连续进入区间 b_t 时，必须遵守连发时间间隔约束，如图 3-7 所示。

（a）后行列车在后方站通过　　（b）后行列车在后方站停车

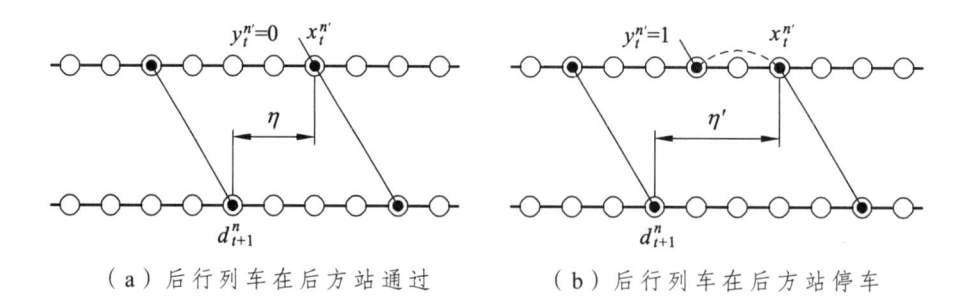

图 3-7　连发时间间隔示意图

该类约束需要考虑后行列车在后方站通过和停车两种情况，不同情况下间隔时间的设置不同，分别用 η 和 η' 表示。在第一种情况下[见图 3-7（a）]，后行列车 n' 在车站 i_t 的出发时间与先行列车 n 在车站 i_t+1 的到达时间应不小于 η；在第二种情况下（见图 3-7（b）），后行列车 n' 在车站 i_t 的出发时间与先行列车 n 在车站 i_t+1 的到达时间应不小于 η'，如式（3-5）所示。

$$\begin{cases} x_t^{n'} - d_{t+1}^n \geq \eta, \text{如果 } y_t^{n'} = 0 \\ x_t^{n'} - d_{t+1}^n \geq \eta', \text{如果 } y_t^{n'} = 1 \end{cases}, \forall n, n' \in N, n \neq n' \qquad (3\text{-}5)$$

此外，还需要避免任意一对列车在区间中的交叉冲突或越行冲突，如图 3-8 所示。

（a）交叉冲突　　　　　　　　（b）越行冲突

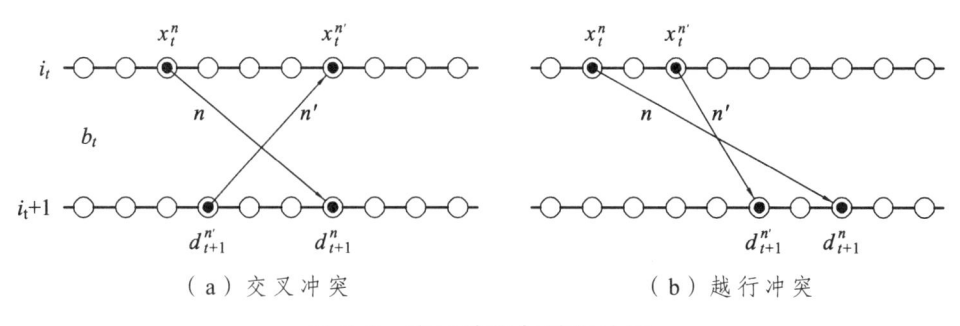

图 3-8　交叉冲突与越行冲突

如果列车 n 还未离开区间，同时又有另一列对向运行的列车 n' 进入该区间，就会发生交叉冲突，如图 3-8（a）所示；同理，如果两列车运行方向相同，则会发生越行冲突，如图 3-8（b）所示。在已知后行列车 n 和前行 n' 在区间两端车站上的所有到发时刻的条件下，如果 $x_t^n < x_t^{n'}$ 和 $d_{t+1}^n > d_{t+1}^{n'}$ 两个条件同时成立，则两条列车运行线相交，可由式（3-6）检测；如果相交，则可通过比较 z_t^n 和 $z_t^{n'}$ 进一步确定是交叉冲突还是越行冲突。

$$\left(d_{t+1}^{n'} - d_{t+1}^n\right) \cdot \left(x_t^{n'} - x_t^n\right) > 0, \forall n, n' \in N, n \neq n' \quad (3\text{-}6)$$

对于自动闭塞的双线铁路系统如高速铁路和地铁，需要考虑追踪间隔时间约束，该约束分为到达追踪间隔约束和出发追踪间隔约束，如图 3-9 所示。当后行列车 n' 追踪先行列车 n 运行时，它们在车站 i_t+1 的到达时间间隔和出发时间间隔必须分别不小于 ψ 和 ψ'，如式（3-7）和式（3-8）所示。

$$d_{t+1}^{n'} - d_{t+1}^n \geq \psi, \forall n, n' \in N, n \neq n' \quad (3\text{-}7)$$

$$x_t^{n'} - x_t^n \geq \psi', \forall n, n' \in N, n \neq n' \quad (3\text{-}8)$$

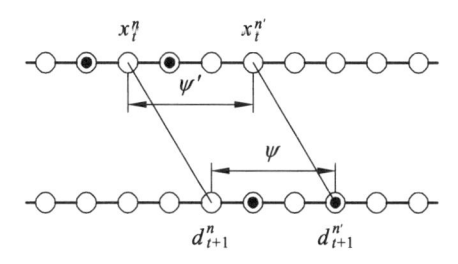

图 3-9　追踪间隔约束

除了上述链接约束以外，还需要保证每一列车在运营时间范围以内运行，因为其他时间范围内需要进行天窗维修工作，如图 3-10 所示。定义运营时间范围由 $H:[\underline{H},\overline{H}]$ 表示，其中 $\underline{H}$ 和 $\overline{H}$ 分别表示运营时间的下限与上限（以 1 min 为单位），列车运营时间范围约束如式（3-9）所示。

$$\underline{H} \leqslant d_{t+1}^{n} \leqslant \overline{H}, \forall n \in N \tag{3-9}$$

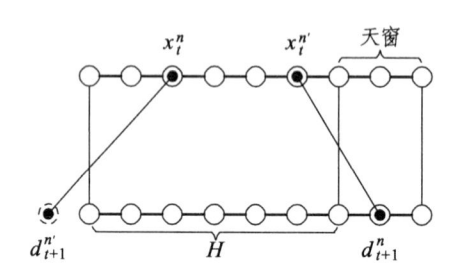

图 3-10　运营时间范围约束

为了记录任意列车是否违背约束，为每列车引入一个二元变量 c_n，如果列车 n 违背了任意约束，则 $c_n=1$；否则 $c_n=0$。在每个时间步进行约束检测之前，每列车的 c_n 都被重置为 0。在单线铁路系统中，需要为每一对列车检测安全间隔约束参见式（3-3）、式（3-4）、式（3-5）和交叉约束式（3-6）；而在自动闭塞的双线铁路系统中，需要为每一对同向运行的列车检测追踪间隔时间约束参见式（3-7）和式（3-8），以及越行约束式（3-6）。此外，在两种铁路系统中都需要对每列车检测运营时间范围约束参见式（3-9）。

3. 奖励分配

在时间步 t 的模拟过程中，最后一步是根据系统动态转换和约束检测的结果计算每个智能体获得的奖励，用于评估它们在当前时间步的行动产生的即时效用，更重要的是，在后续训练过程中用于统计长期回报以实现策略改进。在 RL 方法中，智能体的目标是最大化模拟过程中获得的累积奖励，而本书以最小化列车总停站时间为优化目标，因此在每个时间步的奖励函数则应当设为该区间所有列车的旅行时间的负值。在模拟过程中，列车冲突是应当绝对避免的情况，如果出现，则应当对智能体施加一个极大的罚值。综上，奖励函数 R_{t+1} 的设置如式（3-10）所示。

$$R_{t+1}^n = \begin{cases} -M, \text{如果} c_n = 1; \\ -\sum_n a_t^n, \text{否则}。 \end{cases} \quad (3\text{-}10)$$

式中　　c_n——约束检测体现变量。

列车是否冲突可以通过约束检测体现在变量 c_n 中。如果存在任意列车 n 违背了约束条件即 $c_n = 1$，则对智能体施加一个极大的惩罚 $-M$，M 表示一个极大的正数；反之，则以它在当前区间 a_t^n 的旅行时间与不影响决策的纯运行时间参数之差的负值作为其奖励。

3.2.4　基于集中式执行–集中式训练框架的单智能体深度强化学习算法

1. 算法框架与符号表示

本节运用具有稳定收敛性的单智能体 DRL 算法对 TTP 进行求解。算法基于 CTCE 框架，如图 3-11 所示，在模拟过程中由智能体接收组合状态 S_t，而后根据价值函数或策略函数确定组合行动 A_t，模拟经验 $(S_t, A_t, R_{t+1}, S_{t+1})$ 被存储在经验回放缓存中，用于在训练过程中更新智能体的价值函数或策略函数。

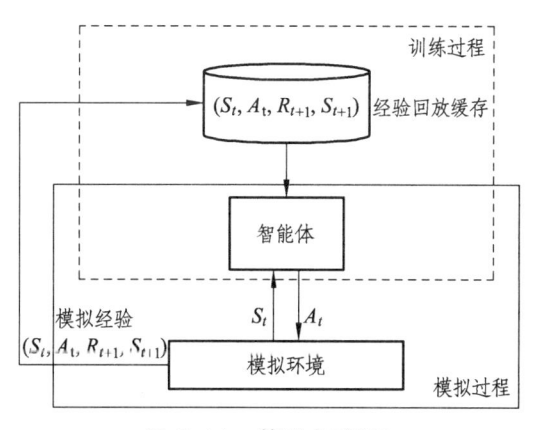

图 3-11　算法框架图

本节选择了经典的 DQN 算法与 Actor-Critic 算法，它们的算法设置和具体算法流程分别在 3.4.1 节和 3.4.2 节中介绍。所有在算法中被使用的符号及相关定义见表 3-2。

表 3-2　MAA2C 算法中使用的数学符号及定义

符号	定义
θ_D	DQN 算法中 DNN 的参数
ε	探索噪声
θ'_D	DQN 算法中的目标网络参数
π_{θ_A}	Actor-Critic 算法中的策略网络
Q_{θ_C}	Actor-Critic 算法中的价值网络
θ_A	策略网络的参数
θ_C	价值网络的参数
$\pi_{\theta'_A}$	策略网络的目标网络
$Q_{\theta'_C}$	价值网络的目标网络
θ'_A	策略网络的目标网络的参数
θ'_C	价值网络的目标网络的参数
ω_t	在时间步 t 由策略网络输出的关于各可选行动的概率
K	从缓存中随机采样获得的小批量经验的总数
k	每组采样经验的序号
y_k	DQN 算法中由第 k 组采样经验计算的更新目标价值
ξ	目标网络更新的速率参数
E	最大训练回合数
ℓ	训练回合序号
∇	损失函数的梯度

2. 深度 Q 网络算法

DQN 算法是表格 Q-learning 算法的函数近似器版本，使用 DNN 替代表格来表示算法中的 Q 价值函数，DNN 的参数用 θ_D 表示。在算法的模拟过程中，智能体基于环境发送的组合状态 S_t，使用 DNN 将其映射为所有备选组合行动的价值，然后基于各行动的价值通过 ε-greedy 法选择行动 A_t。ε-greedy 是一种用于平衡算法中探索与利用的算法，ε 是一个接近于 0 的探索因子（例如 0.01），算法核心思想是以 $1-\varepsilon$ 为概率选择

最优行动 $A_t = \underset{A}{\arg\max} Q(S_t, A; \theta_D)$，而以 ε 为概率选择其他非最优行动，如果在当前状态尝试的次数足够多，可以保证所有备选行动的价值都被充分地探索。模拟过程所生成的经验被保存在经验回放缓存中。在训练过程中智能体在每一个时间步从经验回放缓存中随机抽取一批经验，依据式（2-13）运用梯度下降法对 DNN 的参数进行更新。

算法中的 DNN 设为一个单隐藏层结构，如图 3-12 所示。输入层需要接纳环境发送的组合状态向量 S_t，由 3.3.1 节可知，S_t 包含了所有列车的本地状态，其中每个本地状态包含了 3 个特征变量，因此向量 S_t 的维数为 $3 \times \overline{N}$，输入层的神经元数量与状态向量的维数相等。隐藏层的神经元数量设为 1024。输出层的神经元需要与可能的组合行动总数一致，以生成针对每一种组合行动的 Q 价值，因此输出层的神经元数量为 $\overline{U}^{\overline{N}}$。激活函数使用整流线性单元（Rectified linear unit，ReLU）[54]，ReLU 的计算如式（3-11）所示。

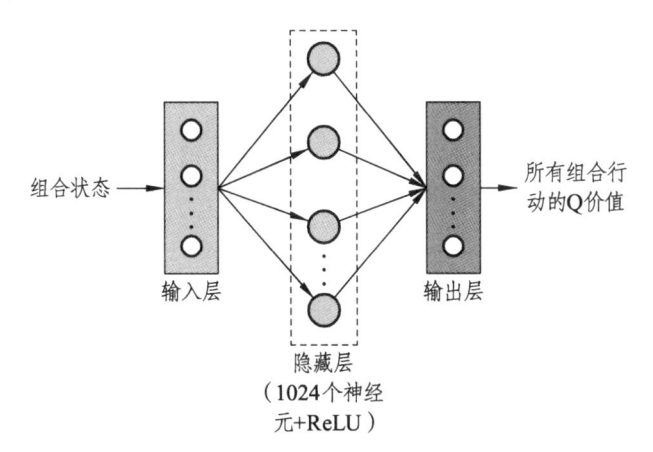

图 3-12　DQN 神经网络示意图

$$f(x) = \max(0, x) \quad (3-11)$$

DQN 算法流程如下所示：

（1）初始化：DQN 的结构与参数 θ_D，目标网络的参数 $\theta'_D \leftarrow \theta_D$，在内存空间构建经验回放缓存并预先运行模拟过程向缓存中注满经验。

（2）For $\ell \leftarrow 1$ to E：

（3）令 $t \leftarrow 0$，$S_t \leftarrow S_{init}$。

（4）While $S_t \neq S_T$：

（5）模拟环境向智能体发送当前状态 S_t，智能体通过 DQN 网络计算各个可选组合行动的 Q 价值，然后根据 ε-greedy 法选择组合行动 A_t。

（6）模拟环境根据系统转换动态 $S_{t+1} \sim P(S_t, A_t)$ 执行状态转换并计算奖励 R_{t+1}，将当前时间步的经验 $(S_t, A_t, R_{t+1}, S_{t+1})$ 保存在缓存中。

（7）从缓存中随机采样一批经验 $(S_k, A_k, R_{k'}, S_{k'}), k=1,2,\cdots,K$，依据式（3-12）计算所有经验的价值目标 y_k。

$$y_k = \begin{cases} R_{k'}, & \text{如果当前回合在时间步} k' \text{结束；} \\ R_{k'} + \gamma \max_{A'} \hat{Q}(S_{k'}, A'; \theta'_D), & \text{否则。} \end{cases} \quad (3\text{-}12)$$

（8）以 $\left[S_k, \pi_{\theta_A}(S_k)\right]^2$ 为损失函数针对 DQN 网络参数 θ 执行梯度下降更新。

（9）依据式（3-13）更新目标网络参数。

$$\theta'_D = \xi \theta_D + (1-\xi)\theta'_D \quad (3\text{-}13)$$

式中，ξ 为一个足够小的平滑参数，代表目标网络更新的速率。

（10）更新当前时间步数 $t \leftarrow t+1$；更新状态 $S_t \leftarrow S_{t+1}$。

3. "演员—评论家"算法

Actor-Critic 算法将策略函数和价值函数分别用 DNN 来表示，对应的 DNN 分别被称为策略网络和价值网络，参数分别用 θ_A 和 θ_C 表示。是一种典型的策略梯度法，基本算法思路在 2.2.3 节中已有介绍。在模拟过程中，策略网络根据环境发送的组合状态 S_t 生成各可选组合行动的概率 ω_t，然后基于 ω_t 运用 ε-greedy 法选择行动 A_t。模拟过程所生成的经验被保存在经验回放缓存中。在训练过程中，智能体在每一个时间步从经验回放缓存中随机抽取一批经验，根据价值网络给出行动的价值估计，然后以最小化价值估计的负值为目标求取策略网络的参数梯度，以最小化价值估计与真实价值之间的最小均方差为目标求取价值网络的参数梯度，最后以梯度下降法更新两个网络的参数。

算法中的策略网络和价值网络均设为单隐藏层结构，分别如图 3-13

（a）和图 3-13（b）所示。其中，策略网络的输入层接收组合状态 S_t，包含 $3 \times \overline{N}$ 个神经元，隐藏层包含 512 个神经元，输出层生成所有可选组合行动的偏好逻辑值，包含 $\overline{U}^{\overline{N}}$ 个神经元。价值网络的输入层接收组合状态 S_t 和组合行动 A_t 连接而成的向量，包含 $3 \times \overline{N} + \overline{N}$ 个神经元，隐藏层与策略网络相同，输出层生成该组合状态-组合行动对 (S_t, A_t) 的价值估计 $Q(S_t, A_t)$，因此仅有一个神经元。所有 DNN 均使用 ReLU 作为激活函数。策略网络的输出层使用 Softmax 激活函数用于将输出的值转化为概率向量 ω_t，Softmax 激活函数如式（3-14）所示。

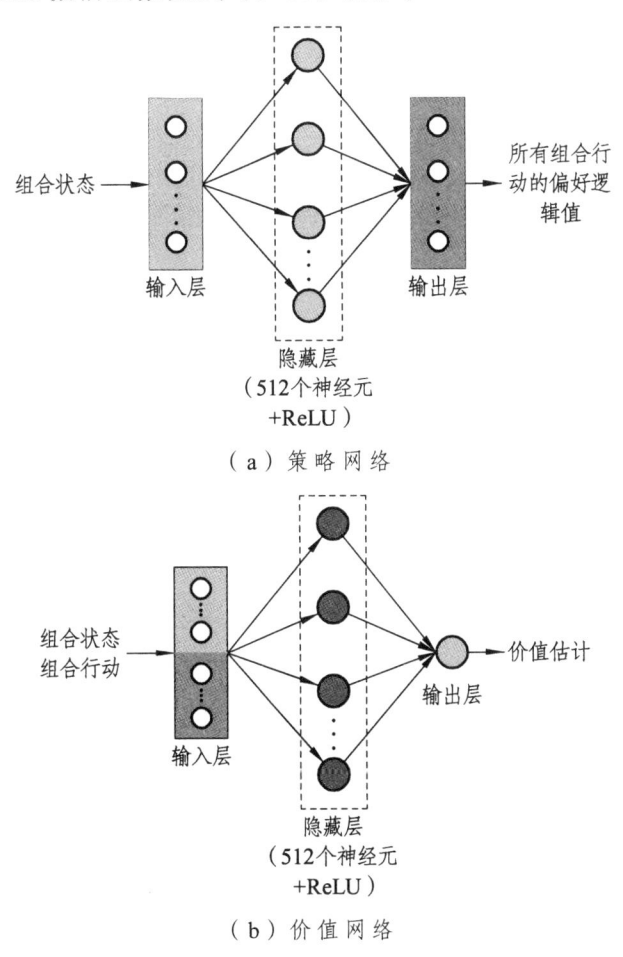

（a）策略网络

（b）价值网络

图 3-13 Actor-Critic 神经网络示意图

$$\text{softmax}(X) = \frac{e^X}{\sum_n^N e^{x_n}}, X \sim \{x_n, n=1,2,\cdots,N\} \quad (3\text{-}14)$$

A2C算法流程如下所示：

（1）初始化：策略网络 π_{θ_A} 和价值网络 Q_{θ_C}；目标网络 $\pi_{\theta'_A}$ 和 $Q_{\theta'_C}$ 参数 $\theta'_A \leftarrow \theta_A$，$\theta'_C \leftarrow \theta_C$；在内存空间构建经验回放缓存并预先运行模拟过程向缓存中注满经验。

（2）For $\ell \leftarrow 1$ to E：

（3）令 $t \leftarrow 0$，$S_t \leftarrow S_{init}$。

（4）While $S_t \neq S_T$：

（5）模拟环境向智能体发送当前状态 S_t，智能体通过策略网络计算可选行动的偏好逻辑值向量，然后运用 softmax 函数将其转化为概率向量，再运用 ε-greedy 法确定行动 A_t。

（6）模拟环境根据系统转换动态 $S_{t+1} \sim P(S_t, A_t)$ 执行状态转换并计算奖励 R_{t+1}，将当前时间步的经验 $(S_t, A_t, R_{t+1}, S_{t+1})$ 保存在缓存中。

（7）从缓存中随机采样一批经验 $(S_k, A_k, R_{k'}, S_{k'})$，$k=1,2,\cdots,K$，根据式（3-15）和式（3-16）先后计算价值网络与策略网络的平均梯度。

$$\nabla_{\theta_C} J(\theta_C) = \frac{1}{K} \sum_k^K \nabla_{\theta_C} \{R_{k'} + \gamma Q_{\theta'_C}[\pi_{\theta'_A}(S_{k'}), S_{k'}] - Q_{\theta_C}(A_k, S_k)\} \quad (3\text{-}15)$$

$$\nabla_{\theta_A} J(\theta_A) = -\frac{1}{K} \sum_k^K \nabla_{\theta_A} Q_{\theta_C}[S_k, \pi_{\theta_A}(S_k)] \quad (3\text{-}16)$$

（8）根据梯度下降法更新 θ_A 和 θ_C 价值网络参数。

（9）依据式（3-17）和式（3-18）更新目标网络参数。

$$\theta'_A = \xi\theta_A + (1-\xi)\theta'_A \quad (3\text{-}17)$$

$$\theta'_C = \xi\theta_C + (1-\xi)\theta'_C \quad (3\text{-}18)$$

式中，ξ 为一个足够小的平滑参数，代表目标网络更新的速率。

（10）更新当前时间步数 $t \leftarrow t+1$；更新状态 $S_t \leftarrow S_{t+1}$。

3.3 基于分布式执行-集中式训练架构和多智能体深度强化学习的列车运行图优化

DRL 作为一种最优化技术应用于求解 TTP 是可行的，但是由于单智能体方法采用集中式决策的架构，状态空间和行动空间的规模随案例规模的增加呈指数级增长，难以适用于较大规模的 TTP 案例。因此，本节基于分布式执行-集中式训练架构的 MDRL 技术，对问题的状态空间和行动空间进行降维，以提升方法的优化性能，实现对较大规模的 TTP 案例的求解。

3.3.1 分布式执行-集中式训练架构

对于大部分 MDRL 问题，使用分布式执行架构求解要比集中式执行架构容易，主要有以下两个原因：（1）在分布式执行架构中，高维的状态和行动空间被分解为相当于智能体数量的多个低维子空间；（2）每个智能体的决策通常仅依赖于相关的局部状态。因此，分布式执行架构基于分布式决策的思想，使每个智能体仅需根据自身的本地状态选择本地行动，同时不再需要考虑高维的联合状态空间和联合行动空间，极大地降低了行动空间的维度。

使用分布式执行架构需要解决多智能体之间的奖励分配问题和非平稳性问题。奖励分配需要首先理解智能体之间的互动关系，这种互动关系决定了个体和群体之间的联系、个体行为对自身奖励和群体奖励的影响等重要因素。根据博弈论，在两个及以上个体组成的群体中存在 3 种互动关系：完全竞争博弈、完全合作博弈和合作-竞争并存的混合式博弈。前两种问题的奖励分配设定非常简单：在完全竞争博弈中，智能体的奖励始终等于竞争者的奖励的负值；在完全合作博弈中，智能体的奖励始终等于团队奖励；在混合博弈中每个智能体的奖励分配则较为复杂，因为这类问题以达成合作且实现最大化群体奖励为目标，但是群体奖励和个体奖励之间的关联紧密且关系复杂，个体之间也存在着资源的竞争，因此没有奖励分配的定式，而是需要根据问题的特性和最终目标具体确定。但是，求解这类博弈的宗旨是明确的，即将每个智能体的个体利益和团队利益统一起来，促进智能体达成合作以实现一种均衡状态，在此状态下没有智能体可以通过单方面改变策略来实现自身利益和团队利益的改进。

非平稳性问题意味着每个智能体根据本地知识对自身策略进行改进是不能达成均衡状态的，这是 DTDE 架构无法有效求解 MDRL 问题的根本原因。一种解决方案是在训练过程中为所有智能体引入某种沟通交流的渠道，使它们在更新自身策略时能够观测到全局的信息即集中式训练，但在执行过程仍然使每个智能体根据本地状态进行本地决策，即保持分布式执行，这类算法框架被称为分布式执行-集中式训练（CTDE）架构。经研究验证，CTDE 架构能够克服在多智能体策略改进中的非平稳性问题[55, 56]。

3.3.2 分布式决策思想在列车运行图优化问题上的应用

TTP 的解空间规模是随区间数和列车数呈指数级增长的，令列车在各个车站的可选行动的总数为 $\overline{U}$，则解空间的规模为 $\overline{U}^{\overline{B}\cdot\overline{N}}$。本章中的模拟环境使用序列建模的方式使解空间的总体规模降维为 $\overline{B}\cdot\overline{U}^{\overline{N}}$，但智能体的行动空间规模仍然随列车数量呈指数级增长即 $\overline{U}^{\overline{N}}$，通过算例也验证了基于 CTCE 架构的单智能体 DRL 算法仅能求解规模非常小的单线铁路案例。

为了克服上述缺陷，本章借鉴 CTDE 架构中的分布式决策思想对问题进行进一步简化：将每列车的行动选择权分配给一个智能体，通过多智能体协作的方式使解空间的总体规模降维为 $\overline{B}\cdot\overline{N}\cdot\overline{U}$，将每一个时间步的行动空间从 $\overline{U}^{\overline{N}}$ 降维至 $\overline{N}\cdot\overline{U}$。这意味着：随着列车数量增加，只需要增加相等数量的智能体，并考虑受其控制的本地行动空间即可，而不需要考虑规模呈指数级增长的组合行动空间。

本节对上一节适用于 CTCE 架构的模拟环境进行了改进，使之能适用于 CTDE 架构。模拟环境的改进主要包含两个部分：一是基于博弈论改进了奖励分配模块并证明了该机制能够促进智能体达成个人利益与团队利益相统一的均衡状态；二是在模拟环境中考虑了动态的列车始发时间和停站方案以提升方法的实用性和有效性，在计算过程中模拟环境会根据列车所在区间为每个智能体生成一个掩码向量，用于筛选出当前时间步的可行解。基于 CTDE 架构设计了 MAA2C 算法，算法利用全局经验回放缓存强化了每个智能体的集中式价值函数，使其在策略改进过程中能间接地掌握全局信息，以解决训练中的非平稳性问题。

3.3.3 模拟环境改进

本节中提出的方法继承于上一节的模拟环境和单智能体 DRL 算法框架，因此未改动的模块与重复的符号表示不再赘述。在集中式决策的 DRL 方法中，模拟环境将全局状态 S_t 发送给智能体，并由智能体从所有可选的组合行动中做出决策。而在分布式决策的 DRL 方法中，模拟环境需要将组合状态拆分为每一个智能体的本地状态 s_t^n，智能体 n 根据本地状态仅需对本地行动 a_t^n 进行决策。在所有智能体完成决策后，模拟环境将接受所有本地行动，并执行系统动态转换操作和约束检测操作，这些操作与 3.3.1 节和 3.3.2 节中介绍的完全相同。

1. 分布式的奖励分配策略

在集中式决策的 DRL 方法中，奖励的计算方式是只要有一列车违背约束，则对整体施加惩罚。而在分布式决策的 DRL 方法中，需要根据每列车的行动效用确定其本地奖励，以实现准确的分布式策略改进。本节令 $R_{t+1} = \{r_{t+1}^n \mid n \in N\}$ 表示由所有智能体的本地奖励组成的奖励集合，其中，智能体 n 的本地奖励 r_{t+1}^n 的计算方式如式（3-18）所示。下面证明该奖励分配机制能够促使智能体达成均衡状态。

$$r_{t+1}^n = \begin{cases} -a_t^n, \text{如果 } c_n = 0 \\ -M, \text{否则} \end{cases} \quad (3\text{-}19)$$

列车运行图的编制遵循的一个基本事实是：当任意一对列车违背了任意的约束条件时，该列车运行图不可行。该事实显然是一个真命题，根据逻辑学，该真命题的逆否命题——当没有任何一对列车违背任意的约束条件时，该列车运行图可行——一定也为真命题。因此，基于该命题，不再需要从全局的角度考虑避免所有潜在的列车冲突，而仅需要考虑在所有局部发生的、关于任意一对列车的会让过程中避免列车冲突即可获得一个全局可行的列车运行图。

从宏观角度，会让过程中的列车行动可以被归纳为"停站"和"通过"两种，以两列对向运行的列车 1 和列车 2 在单线铁路上的一个车站交会为例，可选的行动组合包括：（通过；通过）（停站；通过）（通过；停站）和（停站；停站），产生的结果如图 3-14 所示。

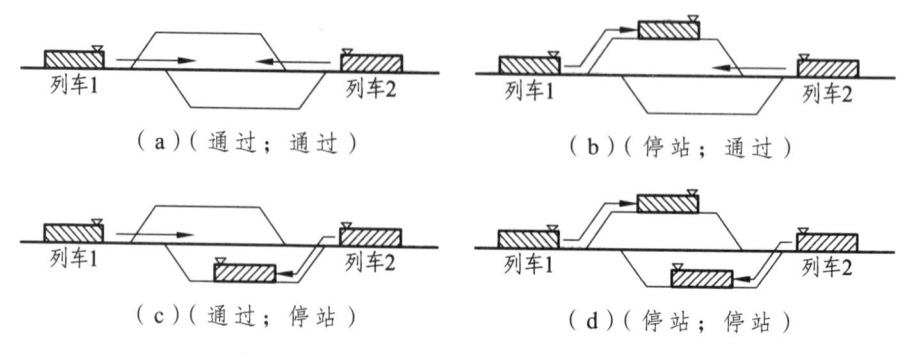

（a）（通过；通过）

（b）（停站；通过）

（c）（通过；停站）

（d）（停站；停站）

图 3-14 不同行动组合的结果示意图

在该情境下，结果图 3-14（b）、图 3-14（c）或图 3-14（d）是可行的，而结果图 3-14（a）必然导致冲突。这是一个典型的双人博弈，假设两列车的行动分别为 a_1 和 a_2，根据式（3-18）可以确定该博弈的支付矩阵，如图 3-15（a）所示。该博弈的均衡解可以通过简单的画线法获得：首先，令列车 1 选择"停站"，比较列车 2 分别选择"停站"和"通过"的收益。如果列车 2 选择"停站"，它将获得 $-a_2$ 的奖励；如果选择"通过"，则奖励为 0。显然"通过"是该情境下的支配行动，在相应的奖励下方标注一条线段。然后，令列车 1 选择"通过"，再次确定列车 2 的支配行动并画线标注。同理，根据上述过程可以确定列车 2 分别选择"停站"和"通过"的情况下列车 1 的支配行动。为了区分，使用红色和蓝色的线段分别标注列车 1 和 2 选择支配行动后获得的奖励，结果如图 3-15（b）所示。根据画线法的原理，当一个行动组合对应的奖励均被画线时，该行动组合即为一个均衡解，由图 3-15（b）可知，该博弈的均衡解为（停站；通过）或（通过；停站），结果恰好对应于图 3-14（b）和图 3-14（c）。在实际应用中，图 3-14（d）的结果在某些情况下是更好的选择，例如 3 列车在同一车站"三交会"。此时每列车均要考虑和其他邻近的冲突关系，根据上文，列车冲突对奖励的惩罚具有排他性，

— 50 —

即只要列车和任意其他列车发生了冲突，其奖励即被设置为 $-M$，因此在任意列车对的支付矩阵中结果图 3-14（b）和结果图 3-14（c）的收益可能会恶化，即图 3-15（a）中列车由于和其他列车产生冲突使其选择"通过"的收益由 0 恶化为 $-M$，使均衡解转移至图 3-14（d）的结果。上述情况可以推广至任意 N 列车在同一车站交会的情况，因为它们均可被分解为 C_N^2 个列车对的双人博弈，只要每列车在与其他任意列车发生冲突时的收益在所有支付矩阵中共享更新，即能促使该多智能体群体找到一个可行解（假设存在）。

		列车2	
		停站	通过
列车1	停站	$(-a_1, -a_2)$	$(-a_1, 0)$
	通过	$(0, -a_2)$	$(-M, -M)$

（a）支付矩阵

		列车2	
		停站	通过
列车1	停站	$(-a_1, -a_2)$	$(\underline{-a_1}, 0)$
	通过	$(0, \underline{-a_2})$	$(-M, -M)$

（b）均衡解

图 3-15 支付矩阵与均衡解

至于哪个具体的行动组合和结果对于全局而言是更好的选择，取决于当前时间步所有列车之间的相邻关系、不同相邻列车对的 a_1 和 a_2 的值，以及具体的行动组合和结果对个体累积奖励的贡献以及个体对于群体的贡献等。这个问题涉及 MDRL 算法对多智能体的训练，将在 4.3 中进行介绍。

2. 列车始发时间窗与停站方案在环境中的表示

上一节建立的集中式模拟环境将每列车的始发时间视为定值，且没有考虑停站方案而是默认所有列车通过中间站。研究表明，将列车的始发时间视为一个变量并整合进数学模型中，由优化方法进行统筹求解能有效提升列车运行图的整体质量[57,58]。而停站方案是在开行方案阶段根据客流需求生成的，如果要保证列车运行图的实用性，必须在优化方法中考虑停站方案的表示。

为了实现上述目标，本节基于分布式框架在环境中引入一个拓展可选行动集合 $\hat{U}$，该集合是在原可选停站时间集 U 的基础上、依据给定的始发时间变化范围拓展得到的一个离散整数集。令 U' 表示列车的始发时间范围，则 $\hat{U}=U\cup U'$。当列车 n 位于始发站时，其行动应从 $\hat{U}$ 的子集 U' 中选择。而当列车 n 位于中间站时，令 Ω_t^n 表示该列车在区间 b_t 前方站的停站方案（$\Omega_t^n=0$ 表示通过，反之则为停站），其行动应根据 Ω_t^n 的值从 $\hat{U}$ 的子集 U 中选择：如，若 $\Omega_t^n=1$，则表示开行方案规定列车 n 需要在区间 b_t 的前方站停站以服务旅客，此时 U 中的 0（表示列车通过）不可被选取；反之，由于列车可能需要进行技术性停站以避免和其他列车的冲突，即使开行方案规定列车 n 可以通过区间 b_t 的前方站，在列车运行图中仍然有可能在该站停车，因此可取 U 中的任意值。为了令智能体在每一个时间步获取可行的备选行动，模拟环境在每一次智能体决策之前，除了要为每个智能体发送其本地状态以外，还需要发送一个对应的掩码向量 $\mathfrak{I}_t^n$，该向量的维度与 $\hat{U}$ 的维度相同且完全由 0 和 1 组成。向量 $\mathfrak{I}_t^n$ 中值为 0 的元素代表 $\hat{U}$ 中与该元素相同索引的备选行动在时间步 t 不可被列车 n 选取；反之，则代表相应的备选行动在时间步 t 对于列车 n 而言是可行的。下面将详细介绍始发时间窗和停站方案在模拟环境中的具体表示，而掩码向量 $\mathfrak{I}_t^n$ 的用法将在 4.3.3 节算法的模拟过程中具体介绍。

（1）始发时间窗在模拟环境中的具体表示。

首先在始发站的后方（按下行方向）构造一个虚拟的始发站，进而在虚拟的和真实的始发站之间构造一个虚拟区间，用 $\hat{b}$ 表示该区间的编号。并且，规定所有列车以原定的始发时刻从虚拟始发站始发，当模拟环境重置时，所有列车也都将返回该站。在时间步 t 时，若 $b_t=\hat{b}$，则令 $\mathfrak{I}_t^n$ 中索引等于 $\hat{U}$ 中来自于 U' 的元素索引的元素取值为 1，而其余的元素取值为 0，即 U' 中的任意元素均为当前时间步的可选行动。智能体在当前时间步的行动 a_t^n 即为列车 n 始发时刻的变化值，即更新后的列车始发时刻为 $x_{init}^n+a_t^n$。在虚拟区间中不计算系统转换动态和约束检查，但智能体在该区间的行动正常计入奖励的分配。

接下来以一个简单的示例说明列车始发时间窗的表示方法。令 $u_{\min}$ 和 $u_{\max}$ 分别取 4 min 和 8 min，设列车始发时间的变化区间为 $U'=[0,1,2,3,4,5,6]$，即始发时间可能延迟 1 min 至 6 min，令列车 n 的始发时刻 $x_{init}^n=0$，则拓展备选行动集 $\hat{U}$ 和虚拟始发区间中的掩码向量 $\mathfrak{I}_t^n$ 如图 3-16 所示。

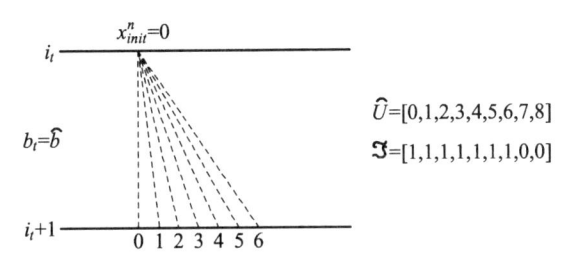

图 3-16 拓展备选行动集和虚拟始发区间中的掩码向量

图 3-16 中左侧的多条虚线表示根据不同的备选行动，列车 n 在虚拟始发区间中的虚拟运行过程和计算后的在真实始发站的出发时刻，图 3-16 的右侧显示了 $\mathfrak{I}_t^n$ 的计算过程：$\mathfrak{I}_t^n$ 中索引为 0~6（即 $\hat{U}$ 中来自 U' 的元素索引）的元素的值均为 1，而其余元素的值均为 0。

（2）停站方案在模拟环境中的具体表示。

在任意时间步 t，如果 $b_t \neq \hat{b}$ 且 i_t+1 为任意中间站，则 $\mathfrak{I}_t^n$ 的确定需要分两种情况讨论：若 $\Omega_t^n = 1$，则表示开行方案规定列车 n 需要在区间 b_t 的前方站停站以服务旅客，此时 $\hat{U}$ 中的 0（表示列车通过）不可被选取；反之，由于列车可能需要进行技术性停站以避免和其他列车的冲突，即使开行方案规定列车 n 可以通过车站 i_t+1，在列车运行图中仍然有可能在该站停车，因此可取 U 中的任意值，如图 3-17 所示。

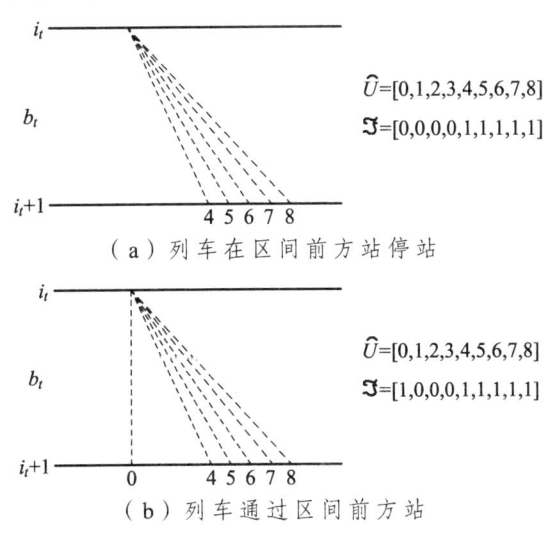

（a）列车在区间前方站停站

（b）列车通过区间前方站

图 3-17 表示停站方案的掩码向量

3.3.4 基于分布式执行−集中式训练架构的多智能体深度强化学习算法

1. 算法框架与符号表示

在 MDRL 领域，有两种促使智能体间达成合作的方式：（1）通过精心设计的奖惩机制来鼓励智能体选择有利于实现合作的行动，反之给予严厉的惩罚，从而实现主动合作；（2）通过在智能体之间建立一定的沟通机制，使之信息互通，从而引导它们在训练过程中选择对团队而言长远收益更高的合作行动。在本章中，第一种方式已经由模拟环境的分布式奖励分配模块实现，而第二种方式将通过 CTDE 框架实现。本书在此框架基础上设计了多智能体演员-评论家算法（Multi Agent Advantage Actor-Critc，MAA2C），MAA2C 对单智能体算法 A2C 进行了拓展，首先引入多个"演员"，即智能体的策略函数依据局部信息进行分布式决策，然后通过掌握全局信息的"评论家"，即智能体的价值函数从全局的角度对"演员"的策略进行评价即价值估计并实施策略改进。在算法中，每个智能体拥有两个深度神经网络——分布式策略网络和集中式价值网络，前者在模拟过程中根据模拟环境发送的本地状态决定列车在当前时间步的停站时间（即"分布式执行"）；而后者在训练过程中需要同时调取所有其他智能体的局部状态和行动，然后从全局的角度对自身的行动价值进行综合评价，最后根据评价的结果进行策略改进（即"集中式训练"）。MAA2C 的算法框架如图 3-18 所示。

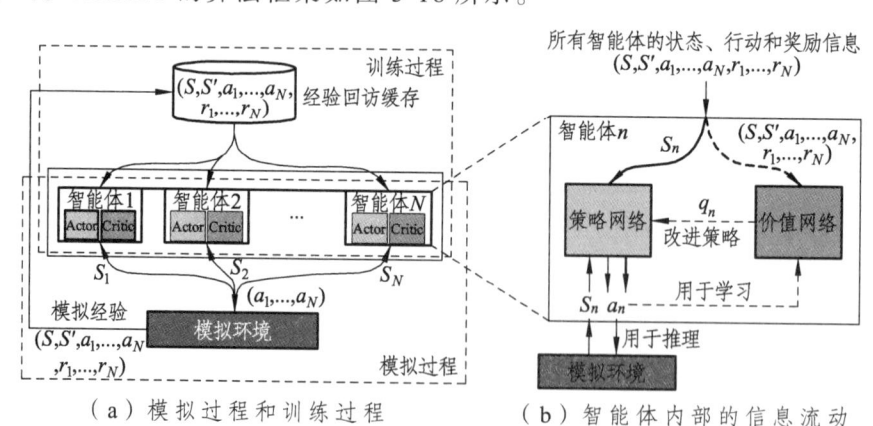

（a）模拟过程和训练过程　　（b）智能体内部的信息流动

图 3-18　算法框架图

在图 3-18（a）中，算法可以被分解为模拟过程和训练过程，其中，虚线方框演示了算法的模拟过程（详见第 4.3.3 节），和算法的训练过程（详见第 4.3.4 节）。在模拟过程中，所有智能体基于分布式策略网络与环境进行交互并生成经验，这些历史经验将被保存在一个共享的经验回放缓存中，智能体之间的交流机制即是通过其实现。在训练过程中各智能体的集中式价值网络将从经验回放缓存中调取这些经验来进行价值估计，最后利用价值估计的结果更新策略网络和价值网络的参数。图 3-18（b）演示了算法执行过程中单个智能体内部的策略网络和价值网络与外部模块（模拟环境和经验回放缓存）之间的信息流动。其中，细线箭头代表了模拟过程中的智能体和模拟环境之间的信息流动：智能体接收模拟环境发送的本地状态 s_n，然后通过策略网络选择本地行动 a_n 被返回给模拟环境，模拟环境据此产生当前时间步的经验；粗实线和虚线箭头代表训练过程中策略网络、价值网络和经验回放缓存 3 个模块之间的信息流动：粗实线箭头表示策略网络从经验回放缓存中提取曾经历过的本地状态 s_n，然后生成行动 a_n 插入并替换全局经验信息 $(S, S', a_1, \cdots, a_N, r_1, \cdots, r_N)$ 中的 a_n，用于重新建立梯度链以便后续使用深度学习框架如 Tensorflow 和 Pytorch 等自动计算梯度并更新神经网络参数，虚线箭头表示价值网络从经验回放缓存中提取全局经验信息（其中 a_n 将被替换），并据此从全局角度对智能体行动 a_n 生成价值评价 q_n，最后 q_n 被用于更新当前智能体的策略网络和价值网络的参数。在 MAA2C 算法中新加入的符号及相关定义见表 3-3。

表 3-3　算法中使用的数学符 q_n 号及定义

符号	定义
π_n	智能体 n 的策略网络或其策略输出
q_n	智能体 n 的价值网络或其价值输出
θ_n	π_n 的训练参数
μ_n	的训练参数
δ_n^t	由 π_n 根据 s_n^t 生成的针对可选行动的逻辑评价值
ω_n^t	对 δ_n^t 运用 softmax 分类器生成的标准化概率

续表

符号	定义
$\varepsilon_{\min}, \varepsilon_{\max}$	探索噪声波动的下限与上限
t_ε	探索噪声的终止退火阈值
t_g	全局时间步数
L	损失函数
y_k	由第 k 个采样经验计算的更新目标价值
π'_n	π_n 的目标网络
q'_n	q_n 的目标网络
θ'_n	π'_n 的参数
μ'_n	q'_n 的参数

2. 深度神经网络架构

根据 MAA2C 算法框架，每个智能体拥有两个深度神经网络。策略网络 π_n 将本地状态 s_n 映射为针对所有可选行动的偏好逻辑值。π_n 的结构如图 3-19（a）所示，输入层的神经元数量与 s_n 中元素个数相同，负责接收 s_n 作为整个网络的输入；随后链接了两个各包含 256 个神经元的全连接隐藏层，用于逻辑回归，隐藏层中每一个神经元都是半线性单元，先对输入值进行线性回归计算，而后通过 ReLU 激活函数对线性计算的结果进行非线性变换；输出层的神经元数量等于可选行动总数 $\overline{U}$ 相同，用于输出针对每一个可选行动的偏好逻辑值 δ'_n，δ'_n 是一个包含 $\overline{U}$ 个元素的向量，其中每一个元素表示策略网络对相应的可选行动的评价值。

集中式价值网络 q_n 从全局角度评估智能体的状态-行动对 (s_n, a_n) 的 Q 价值。q_n 的结构如图 3-19（b）所示，输入层以所有智能体的全局状态和全局行动组成的向量 (S, A) 作为输入，其神经元个数等于该向量中元素的个数；其隐藏层结构与 π_n 相同；输出层仅有一个神经元，用于输出价值估计。

(a) 策略网络

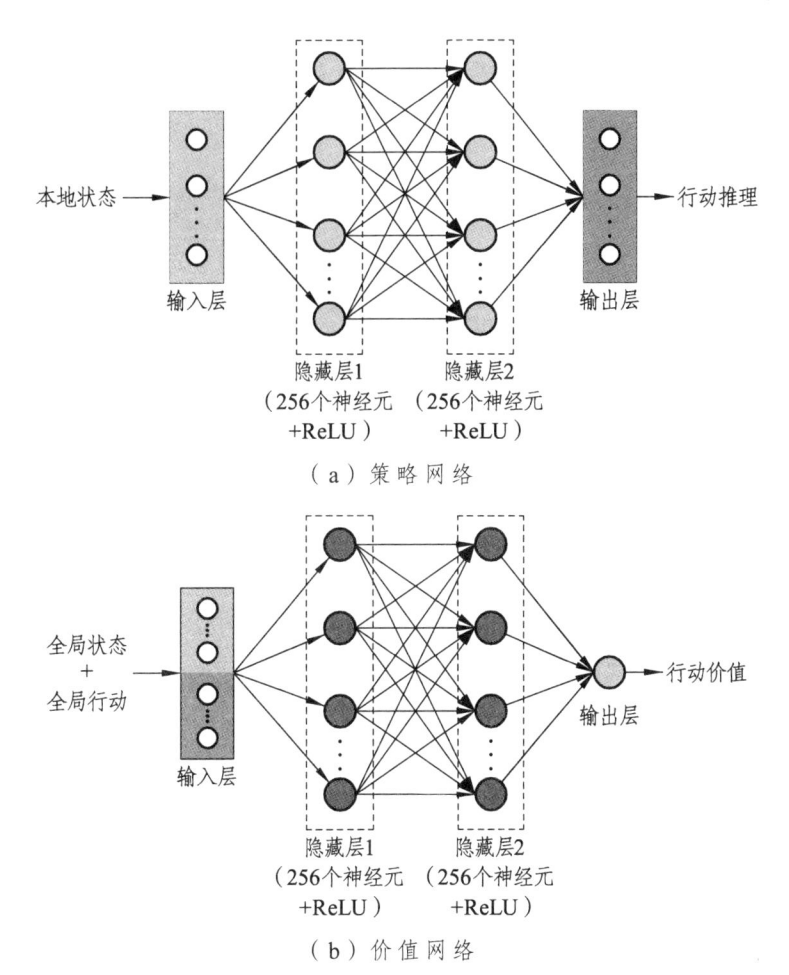

(b) 价值网络

图 3-19 深度神经网络结构

3. 模拟过程

在开始每一个回合的模拟之前（$t=0$），环境首先被重置为初始状态 $S_0 \leftarrow S_{init}$。在每一个时间步 t，环境根据全局状态 S_t 为每一个智能体 n 发送其局部状态 s_t^n 和掩码向量 $\Im_t^n$，然后每个智能体根据其可选行动集合和策略网络输出的逻辑评价值 δ_t^n 选择行动。为了平衡探索与利用，智能体并非直接选择评分最高的行动，而是运用 ε-greedy 算法进行选择：首先对 δ_t^n 运用 softmax 函数，将其转化为概率向量 ω_t^n，如式（3-20）所示；

然后根据 $\mathfrak{I}_t^n$ 中所有元素值为 0 的索引，将 δ_t^n 中所有相同索引的元素替换为一个接近于 0 的极小值（例如 1e⁻⁶），被替换后逻辑值在经过 softmax 函数计算后概率值几乎为 0，即 $\mathfrak{I}_t^n$ 中所有取值为 0 的元素所对应的 $\hat{U}$ 中的备选行动几乎不会被选择；最后，通过轮盘赌机制以 ε 为探索噪声选择行动。

$$\omega_t^n = \text{softmax}\left(\delta_t^n\right) = \frac{e^{\delta_t^n}}{\sum_n^N e^{\delta_t^n}} \qquad (3\text{-}20)$$

为了在初始阶段对解空间进行充分地探索，通常需要采用较大的 ε，而在接近收敛阶段时需要采用较小的 ε。因此，算法采用自适应退火 ε 算子，如式（3-21）所示。

$$\varepsilon = \begin{cases} \varepsilon_{\max} - \dfrac{t_g}{t_\varepsilon}(\varepsilon_{\max} - \varepsilon_{\min}), t_g \leqslant t_\varepsilon \\ \varepsilon_{\min}, t_g > t_\varepsilon \end{cases} \qquad (3\text{-}21)$$

式中，t_g 为全局时间步数（开启新回合时不清零）；t_ε 为控制 ε 停止退火的时间步阈值，当 $t_g < t_\varepsilon$ 时，ε 从最大值 $\varepsilon_{\max}$ 逐时间步线性退火，当 $t_g \geqslant t_\varepsilon$ 时，ε 达到最小值 $\varepsilon_{\min}$。

当环境获取所有智能体的行动后，根据系统动态 $S_{t+1} \sim P(S_t, A_t)$ 执行状态转换操作，并为所有智能体计算奖励 $R_t = (r_t^n \mid n \in N)$。然后，当前时间步的模拟经验 $(S_t, A_t, R_{t+1}, S_{t+1})$ 将被保存至经验回放缓存 D 中。随后，令 $t = t+1$，继续上述步骤。如果所有列车在时间步 $t+1$ 到达终点站即 $b_{t+1} = \overline{B}$，则视时间步 $t+1$ 为终止时间步 $T \leftarrow t+1$，并令当前回合结束，保存当前回合经历的时间步数用于统计分析。最后，如果没有达到最大训练回合数 $\ell < E$，则重置时间步序号 $t = 0$，并开启新的回合 $\ell = \ell + 1$。

4. 训练过程

深度神经网络的训练过程相当于采用随机梯度下降法求解参数优化问题，即调整神经网络参数以最小化损失函数，本章采用 Adam 算法[59]。为了加速与稳定化训练过程，引入了随机批次优化法[60]，每次从经验回放缓存中随机采样一批经验而后计算其平均梯度来进行神经网络参数的更新。

策略网络的训练目标是寻找最优的合作策略。在任意状态下被最优策略选中的行动能够从全局的角度最大化未来的期望回报。给定一批采样经验 $(S_k, A_k, R_{k'}, S_{k'})\ \forall k \in K$，其中 k' 为 k 的下一个时间步，策略网络 π_n 的损失函数 $L(\theta_n)$ 如式（3-22）所示。

$$L(\theta_n) = -\frac{1}{K}\sum_k^K q_n\left(s_k^n, s_k^{\bar{n}}, a_k^n, a_k^{\bar{n}}\right), a_k^n \sim \pi_n\left(s_k^n\right) \quad (3\text{-}22)$$

式中，全局状态集 S_k 被分割为 s_k^n 和 $s_k^{\bar{n}}$，$s_k^{\bar{n}}$ 代表其他智能体 $\bar{n} \neq n$，$\bar{n} \subset N$ 的状态集合，同理，全局行动集 A_k 也被分割为 a_k^n 和 $a_k^{\bar{n}}$。

集中式价值网络的训练目标是最小化价值估计与目标价值之间的均方误差。价值网络 q_n 的损失函数 $L(\mu_n)$ 如式（3-23）所示。

$$L(\mu_n) = \frac{1}{K}\sum_k^K\left[q_n(S_k, A_k) - y_k\right]^2 \quad (3\text{-}23)$$

式中，y_k 为第 k 时间步的状态-行动对 (S_k, A_k) 价值更新的目标，由式（3-24）计算。

$$y_k = r_{k'}^n + \gamma q_n'(S_{k'}, A_{k'}), A_{k'} = \left[a_{k'}^n \sim \pi_n'\left(s_{k'}^n\right) \mid n \in N\right] \quad (3\text{-}24)$$

式中，γ 为折扣系数，用于决定下一时间步的状态-行动对价值在当前时刻的衰减比例。为了避免神经网络过拟合，为每个智能体 $n \in N$ 引入两个目标网络 π_n' 和 q_n' 用于计算 y_k，此举的目的在于削弱两个连续状态 S_k 和 $S_{k'}$ 之间的关联性[60]。目标网络 π_n' 和 q_n' 的结构与原网络 π_n 和 q_n 完全相同，但它们的参数 θ_n' 和 μ_n' 不参与训练，而是运用移动平均法滞后拷贝于原网络的参数，如式（3-25）和式（3-26）所示。

$$\theta_n' = \xi\theta_n + (1-\xi)\theta_n' \quad (3\text{-}25)$$

$$\mu_n' = \xi\mu_n + (1-\xi)\mu_n' \quad (3\text{-}26)$$

式中，ξ 为一个足够小的平滑参数，代表目标网络更新的速率。

整个训练过程将重复进行 E 个回合，算法流程如下：

（1）初始化：所有智能体 $n \in N$ 的策略网络 π_n 和价值网络 q_n；目标网络的参数 $\theta'_n \leftarrow \theta_n$，$\mu'_n \leftarrow \mu_n$；在内存空间构建经验回放缓存并预先运行模拟过程向缓存中注入 F 组经验；令全局时间步数 $t_g \leftarrow 0$。

（2）For $\ell \leftarrow 1$ to E：

（3）令 $t \leftarrow 0$，$S_t \leftarrow S_{init}$。

（4）While $S_t \neq S_T$：

（5）模拟环境根据当前状态 S_t 向所有智能体 $n \in N$ 发送本地状态 s_t^n，智能体通过策略网络计算可选行动的逻辑评价值 $\delta_t = \left(\delta_t^n \sim \pi_n \left(s_t^n \right) | n \in N \right)$。

（6）运用 ε-greedy 法根据标准概率分布 softmax（δ_t）确定行动集合 $A_t = \left(a_t^n | n \in N \right)$。

（7）模拟环境根据系统转换动态 $S_{t+1} \sim P(S_t, A_t)$ 执行状态转换并计算奖励 R_{t+1}，将当前时间步的经验 $(S_t, A_t, R_{t+1}, S_{t+1})$ 保存在缓存中。

（8）从缓存中随机采样一批经验 $(S_k, A_k, R_{k'}, S_{k'})$，$k = 1, 2, \cdots, K$，依据式（4-6）计算所有经验的价值目标 y_k。

（9）根据式（4-5）和式（4-4）先后计算价值网络与策略网络的平均损失 $L(\mu_n)$，$L(\theta_n)$。

（10）通过计算梯度 $\nabla_{\theta_n} L(\theta_n)$ 和 $\nabla_{\mu_n} L(\mu_n)$，根据 Adam 算法更新所有智能体的策略网络和价值网络参数。

（11）更新当前时间步数 $t \leftarrow t+1$；更新状态 $S_t \leftarrow S_{t+1}$；更新全局时间步数 $t_g \leftarrow t_g + 1$。

第 4 章 新旧交替列车运行图综合评价研究

4.1 新旧交替列车运行图特性分析

新旧交替列车运行图是在新旧交替列车运行方案编制完成的前提下，以现图与新图中各列车运行计划为重要依据所编制的列车运行实施计划，其中各列车运行均符合相应的技术标准，在无意外干扰的情况下，新旧交替期各列车均能"按图行车"，新旧交替列车运行图为新旧运行图交替期的列车运行调整提供了重要基础。从"规划型"运输计划的编制层次来分，列车运行图是基本计划，新旧交替列车运行图为运行图交替期的实施计划，列车运行调整为实时指挥层。

为了更深入地描述新旧交替列车运行图特点，本书将其与列车运行图编制业务及列车运行图调整业务进行了深入对比，具体如下。

4.1.1 新旧交替列车运行图与列车运行图的区别和联系

新旧交替列车运行图与列车运行图都是在以车站和时间轴构成的二维图中以图解的形式表示列车在各区间运行和在各车站到达、出发（或通过）时刻的技术文件，新旧交替列车运行图中包含列车运行图中的一切要素，例如列车区间运行时分、列车在客运站的停站时间、列车在各站的技术作业时间标准、各种车站、区间间隔标准等。新旧交替列车运行图也具有其特殊性，具体如下：

1. 问题已知条件不同

列车运行图的编制是在一定路网结构、运输设施、客流 OD 流量分布和客流构成的条件下，安排列车在铁路区间运行及在车站到发或通过时刻，需在一张空白的运行图中铺画所有列车运行线。新旧交替列车运行图编制时，已知现图中各列车的运行时刻及新运行图中各列车的运行时刻，根据新旧交替运行图客车车底运用计划可知交替期内列车按照何种运行时刻运行（按新图运行或按现图运行），在交替期内，一部分列车按照新图时刻运行，另一部分列车按照现图时刻运行，在同一日一张图上现图列车与新图列车有可能产生冲突，不满足列车运行的技术标准，鉴于此，本书认为新旧交替列车运行图编制的重点在于列车间冲突的疏解。

2. 考虑的时间范围不同

列车运行图是一张闭合的图，反映了一天 24 h 列车的运行情况，每日都如此循环。而在新旧列车运行图交替期，每日都有列车从执行现图过渡到执行新图，全部列车由执行现图过渡到执行新图可能需要几天的时间跨度，新旧运行图交替期每日的运行图都不一样，必须编制交替期每日的列车运行图。

4.1.2 新旧交替列车运行图与列车运行图调整的区别和联系

从以上分析可知，编制新旧交替列车运行图的重点在于对冲突的疏解，这点与列车运行图调整类似，可以借鉴运行图调整的一些经验，但新旧交替列车运行图编制具有其特殊性，具体如下：

1. 问题起因不同

新旧交替列车运行图编制问题的实质是根据客车车底新旧交替运用方案和新旧运行图中各自的列车运行时刻编制静态运行图，交替期内每日的列车运行框架确定，列车冲突是由于在同一日有些列车按照新图时刻运行，有些列车按照现图时刻运行而导致的。在编制新旧交替列车运行图时，需调整的列车间冲突，不受随机因素干扰。而列车运行调整的起因是由于自然灾害、天气异常、设备故障或其他列车的干扰，造成列车运行偏离了计划运行图，并进一步造成了列车间的冲突，这些因素是难以避免的，而且不可预测。

2. 新旧交替列车运行图编制属于全局优化问题，调整范围大

新旧交替列车运行图编制需编制交替期每日列车运行图，时间跨度可能有几天，而且包括整个铁路网中所有列车的运行计划，需要全局优化。在列车运行调整方案的编制中，列车调度员根据计划运行图、列车

运行实绩、列车当前运行状态、封锁、限速等信息,推测特定时间域(3~4 h)内管辖区段中列车的早晚点时分及可能存在的运行冲突,运行调整方案的制订是一个动态的滚动过程,运行调整方案的编制无异于编制局部的列车运行图[61]。

3. 调整手段不同

既有列车运行图调整的问题中,晚点列车只影响后续列车,前面的列车已成为运行实绩不可更改,并且在调整中各列车的始发时间不能早于图定的发车时间[61]。新旧交替列车运行图编制是一个编制列车运行计划的过程,疏解一个运行冲突,不只是影响后续列车,需将交替期内几日的运行图作为一个整体进行优化,并且在优化过程中,列车运行时刻应尽可能与现图或新图(客车车底运用交替方案决定了列车执行的运行图方案)保持一致;另外,在既有运行图调整中,因面对的问题具有突发性,为了及时有效地恢复列车运行秩序,可以采取一些非常规手段,例如变更列车标准运行时间、列车"赶点"运行、组织列车在区间反向行车、运用备用动车组等手段,新旧交替列车运行图编制是一个计划制定过程,要严格按照各种行车技术标准,无特殊情况不得采用非常规手段。

4.2 新旧列车运行图交替期列车流有序性内涵

有序性一般是描述系统内部的状态以及内部各要素之间的关系,一般表现为组成系统的各个要素总是按照一定的顺序和规律进行运作,有序性的程度反映出系统内各个部分之间的相互联系、相互作用合理程度。在交替期内,为了实现新旧运行图平稳过渡,列车车底的安全接续,列车流相互之间需遵循行车间隔、技术作业时间标准等规定,通过运输组织的相应手段,使运输系统内部维持规律的运作。在编制交替期列车运行图与车底运用计划时,首要的目标就是维持内部的稳定有序,避免运行图变更导致列车运行混乱,产生停运、冲突,甚至导致安全事故,造成经济损失,影响正常的运输生产。

交替期车底运用计划在运行图中的表现形式为列车运行线间的接续关系，如两条运行线有接续关系则表明车底按照前行列车运行计划到达终到站后执行后行列车运行计划，如果某一条运行线与其他运行线均没有接续关系则表明该列车没有车底需停运。从中可知，交替期车底运用计划通过列车运行线间的接续关系可将不同列车始发及终到的时空结构串接起来，以此方式役使列车流在始发终到站的时空结构，交替期列车运行计划役使列车流在运行途中的时空结构，两者的优化结果均可分别体现为列车流时空结构，这是两者协同编制的基础。

4.3 新旧交替列车流有序性综合评价指标体系构建

在新旧交替期间，由于铁路系统整体结构的调整，使得新旧交通列车运行图评价的核心焦点不再局限于提高服务水平或优化运行效率，而更注重提升列车流的有序性。在新旧交替期这一阶段，停运不同列车所带来的成本差异较大，同时各指标在整体评价中的权重也因特殊情况而异。此外，不同版本新旧运行图之间的接续过渡也会受到新旧列车运行图本身特征的影响。综合考虑指标的辨识度、可操作性以及定性与定量指标结合等原则后确定的各类评价指标如下。

4.3.1 运营效益指标

1. 停运列车数

在新旧交替期间，由于车底周转资源的限制，可能会导致现图中部分列车因无客车车底执行而停运。为了尽量减少铁路运输企业的损失，需要尽量减少停运列车的数量，使得列车的总营运数量最大化。

2. 平均旅行速度

平均旅行速度是指列车运行过程中，包含停车起停附加时间与中间站停站时间在内计算得出的列车平均速度，其计算公式如式（4-1）所示：

$$v_{旅}=\frac{\sum nl}{\sum nt_{纯}+\sum nt_{附}+\sum nt_{中停站}} \qquad (4-1)$$

3. 区间能力利用率

区间能力利用率是指在一昼夜内，实际或计划放行的列车占用的时间与可供占用的最大时间之比，其计算公式如式（4-2）所示：

$$\mu = \frac{T_{占}}{T_{有}} = \frac{T_{占}}{1440 - t_{窗} - t_{费}} \quad （4\text{-}2）$$

4.3.2 有序性指标

1. 新旧交替周期时长

列车运行图新旧交替的周期越短，对列车运行整体产生的扰动也就越小，列车运行图做出的调整也就越小，有序性程度也相应越高。

2. 列车运行速度波动系数

列车运行速度波动系数是用来衡量列车运行速度在一段时间内的波动程度的统计量，它表示列车速度的变异程度，即速度变化的相对程度，如式（4-3）所示：

$$CV = \frac{\delta}{\bar{v}} \quad （4\text{-}3）$$

式中，δ 为列车运行速度的标准差；$\bar{v}$ 为列车运行速度的平均值。

3. 列车平均接续时长

列车接续时长是指列车某一交路段运行到达某车站时起，至动车组向该交路段下一个车站出发时止的全部时间。若列车接续时长安排不合理，可能会造成晚点延误现象，其计算公式如式（4-4）所示：

$$\overline{t_{续}} = \frac{\sum_{k=1}^{n_{续}} t_k^{续}}{n_{续}} \quad （4\text{-}4）$$

式中，$t_k^{续}$ 为第 K 次列车接续所需要的时间；$n_{续}$ 为列车接续次数。

4. 冲突系数

在新旧交替期存在着按照新图与旧图运行的列车同时出现的情况，

因此很容易产生列车运行冲突的现象，而在实际的列车运行过程中要求不应该出现任何的冲突，故冲突系数要尽可能为零。冲突系数的计算公式如式（4-5）公式：

$$H = \frac{N_c}{N_t} \qquad (4\text{-}5)$$

式中，N_c 为冲突发生次数；N_t 为开行列车总数。

5. 平均偏差时间

平均偏差时间是指新旧交替期间每天列车实际发车时刻与旧图中列车原预定发车时刻之间的平均差值，值越小，有序性越高。其计算公式如式（4-6）所示：

$$DTD = \sum_{j=1}^{M} \sum_{i=1}^{N} \sqrt{\left(d_{j,p}^{i} - d_{j,n}^{i}\right)} \qquad (4\text{-}6)$$

式中，$d_{j,p}^{i}$ 为现图列车 i 在 m 站发车时刻；$d_{j,n}^{i}$ 为新图列车 i 在 m 站发车时刻。

4.3.3 稳定性指标

平均缓冲时间是指运行图规定的列车间隔时间与标准最小间隔时间之差的平均值。恰当的缓冲时间可以吸收晚点提高运行图的稳定性，但过长的缓冲时间会造成通过能力浪费从而降低运营效率。其计算公式如式（4-7）所示：

$$\bar{t}_h = \frac{T_h^Z}{n} = \frac{\sum_{j=1}^{M} \sum_{i=1}^{N} \left(dd_{i+1}^{j} - dd_{i}^{j} - I_{i,j+1}^{j}\right)}{n} \qquad (4\text{-}7)$$

式中，T_h^Z 为运行图总缓冲时间；$Step3$：为列车 i 在 j 站的到达时间。

4.3.4 服务质量指标

1. 列车服务频率

列车服务频率指的是平均一昼夜在各车站为旅客提供的列车数量。

服务频率越高，表示该车站可供旅客选择的列车数量更多，旅客的选择余地也就更广。其计算公式如式（4-8）所示：

$$f_j = f_j^q + f_j^m \tag{4-8}$$

式中，f_j^q 为由车站 j 始发的旅客列车数；f_j^m 为途经车站 j 并进行旅客乘降作业的旅客列车数。

2. 平均停站时间

平均停站时间是指列车在运行过程中在各个站点停留的平均时间，合理的停车时间既能确保乘客充分上下车，又不至于运力资源的浪费，其计算公式如式（4-9）所示：

$$\bar{t}_{\text{stop}} = \frac{\sum_{j=1}^{M} t_{\text{stop}}}{M} \tag{4-9}$$

4.4 熵值-TOPSIS 综合评价法

本书的研究对象为新旧交替列车运行图，因此，所选取的评价方法应当能够客观刻画整个动态新旧交替过程的运行状态。每个指标在评估中的重要性并不一致，因此，需要对各指标的权重进行计算，以确保评估结果更加准确。熵值法将系统中各指标的波动视为其相对重要性的度量，能够客观地分配各评价指标的权重。而 TOPSIS 法是一种多属性决策分析方法，能够对多个方案进行合理排序，尤其适用于各属性之间存在相互影响的情况，因而有效应对列车运行图新旧交替的复杂情境。为了充分发挥各方法的优势同时弥补缺陷，采用结合两种评估方法的方式进行组合评价。因此，本书采用熵值-TOPSIS 评价法对新旧交替列车运行图进行评价，其具体步骤如下：

Step1：要确保所有指标都呈现出相同的趋势类型，需要将评价体系中的所有指标都转化为极大型指标。即针对每个指标，越高的数值就代表着更好的表现。对 m 个方案与 n 个指标构成的原始数据矩阵 $(T_{ij})_{m \times n}$ 进行正向化处理，得到正向化矩阵 $(X_{ij})_{m \times n}$。

对极大型指标：

$$x_{ij} = \frac{t_{ij} - \min\{t_{ij}\}}{\max\{t_{ij}\} - \min\{t_{ij}\}} \quad (4\text{-}10)$$

对极小型指标：

$$x_{ij} = \frac{\max\{t_{ij}\} - t_{ij}}{\max\{t_{ij}\} - \min\{t_{ij}\}} \quad (4\text{-}11)$$

Step2：信息熵反映了指标的不确定性和离散度。使用熵值法来计算每个指标的信息熵，其计算公式如式（4-12）所示：

$$E_j = -\sum_{i=1}^{n}\left(\frac{x_{ij}}{\sum_{i=1}^{n}x_{ij}}\right)\ln\left(\frac{x_{ij}}{\sum_{i=1}^{n}x_{ij}}\right) \quad (4\text{-}12)$$

式中，E_j 为指标 j 的信息熵；x_{ij} 为归一化后的第 i 个样本在指标 j 上的取值。

Step3：为了更准确地反映各指标的重要性，需要计算每个指标的权重。通过信息熵与信息增益的关系来确定权重，其计算公式如式（4-13）所示：

$$w_j = \frac{1 - E_j}{\sum_{k=1}^{m}(1 - E_k)} \quad (4\text{-}13)$$

式中，w_j 为第 j 个指标的权重；m 为评价指标的总数。

Step4：将每个指标的信息熵乘以相应权重，得到熵值的加权值，能够体现各指标在整体评价中的贡献，其计算公式如式（4-14）所示：

$$E_j' = w_j \cdot E_j \quad (4\text{-}14)$$

Step5：将正向化矩阵标准化，即将其量纲转化为统一的标准，从而消除数据范围差异对结果的影响。将标准化后的矩阵记为 **Z**，**Z** 的每一个元素其计算公式如式（4-15）所示。

$$z_{ij} = \frac{x_{ij}}{\sqrt{\sum_{i=1}^{n} x_{ij}^2}} \tag{4-15}$$

Step6：利用 TOPSIS 法计算每个样本的综合得分。

首先，找到正理想解和负理想解，即确定最优方案和最劣方案：

正理想解（A^+）：

$$A_j^+ = \max\{E_j^{'}\} \tag{4-16}$$

负理想解（A^-）：

$$A_j^- = \min\{E_j^{'}\} \tag{4-17}$$

然后，计算各评价对象与最优方案、最劣方案的接近程度，即每个样本到正理想解和负理想解的距离。

正理想解距离（D^+）：$D_i^+ = \sqrt{\sum_{j=1}^{m}\left(E_{ij}^{'} - A_j^+\right)^2}$

$$D_i^+ = \sqrt{\sum_{j=1}^{m}\left(z_{ij} - A_j^+\right)^2} \tag{4-18}$$

负理想解距离（D^-）：

$$D_i^- = \sqrt{\sum_{j=1}^{m}\left(z_{ij} - A_j^-\right)^2} \tag{4-19}$$

最后，计算得到各样本的综合得分：

$$C_i = \frac{D_i^-}{D_i^- + D_i^+} \tag{4-20}$$

Step7：将样本方案按照综合得分 C_i 从高到低排序，排名越高的样本，其对应新旧交替列车运行图的编制质量也就越高。

第5章 新旧交替列车运行方案编制研究

当列车运行图发生变更时，不同列车运行图版本交替期间的列车运行计划的编制分为两个阶段，本章重点解决第一阶段的编制任务，即编制新旧交替列车运行方案，重点实现旅客列车客车车底（动车组）在新图与现图间的顺利过渡。此方案中规定的是交替期内列车每日执行的运行图骨架（是否按照新图时刻运行、是否按照现图时刻运行、是否停运）及新旧列车的接续方案，为了降低问题的复杂程度，编制过程中将不考虑具体的列车行车的间隔要求，因此，本章求得解为在一定交替期列车运行目标下的理想解，此解是否满足列车行车技术标准将在下一章进行讨论。

鉴于此，本章将主要研究新旧交替列车运行方案的编制方法，以确定既有线客车车底及城际动车组在新旧运行图交替期的运用方案。

5.1 客车车底运用影响因素分析

客车车底作为铁路运输生产的运载工具，其运用受各种因素的影响，主要包括以下几个方面：

5.1.1 列车开行方案

列车开行方案规定了列车的开行区段、开行种类、开行数量等，这些因素规定了客车车底必须完成的运输任务，当不考虑车底在车站的接续时间等因素时，根据列车开行方案和列车技术条件，可推论出车底至少在线上运行的时间，由此可得车底运用的最少数量，因此，列车开行方案对于决定车底需要数量具有重大影响。

5.1.2 列车运行图结构

列车运行图结构主要指各条列车运行线在运行图时间轴上的分布形式，由车底的计算公式可知，车底周转时间不仅取决于车底在线上运行时间，而且与车底在配属站和折返站的接续时间有直接关系，列车运行线分布越均衡、合理，需要的车底数越少，车底的有效利用率越大。

5.1.3　车底运用模式

我国对于客车车底的管理实行配属制，客运部门根据列车运行图和车底运用方式编制客车车底运用计划，确定车底周转方式、列车编组等内容，各客车车辆段负责配属客车的管理、检修和运用。

我国既有线客车车底基本采用固定区段使用模式，即客车按需要编成固定的车底，在固定的线路区段上按运行图运行，运行车次每次调图后也基本固定。在固定使用的基础上，我国客车车底运用的方式可以分为两类："一车底单车次"和"一车底多车次"。"一车底单车次"指车底固定担当一对列车的运行任务，也叫车底专用，是我国客车车底运用的主要形式，直通客车的车底基本是采用这种形式。"一车底多车次"是指车底固定担当几对列车的运行任务，也叫车底共用，在市郊、管内列车和部分直通客车中采用，这些列车运距短，在春节运输期间，往往利用车底在段停留的时间，套跑一个运距较短的区段[62]。

5.1.4　客运站技术作业组织

客车车底到达客运站要进行一系列的作业，包括接发车、安排旅客上下车、安排客车检修整备，如果客运站所有技术作业安排合理，各项作业能够彼此相互协调，最大限度地进行平行作业，这样能够极大地减少客车车底在车站的停留时间。

5.1.5　其他因素

新旧列车运行图交替期客车车底的运用除受上述各种因素的影响外，还包括以下几个方面。

1. 交替期客车车底的接续关系

列车运行图规定了列车到发时刻与列车编组，列车运行图交替期客车车底的过渡方案直接表示为新旧列车的接续关系，列车编组相同并满足列车接续时间标准的新图列车与现图列车间才能接续，新旧列车的接续表明执行现图运行任务的客车车底过渡到执行新图。

2. 交替期客车车底的交路方案

现图客车车底按照其交路方案周转运行，新图客车车底也按照其交路方案周转运行，两个交路计划可看成两个闭合圈，交替期客车车底的运用方案可看成连接两者的通路，通过交替期的客车车底的运用实现现图车底过渡执行新图运输任务的目的。现图客车车底交路方案与新图客车车底交路方案是编制交替期客车车底运用方案的基础，另外，交路计划确定了运行图所需客车车底的总数量，通过对比可知现图客车车底能否满足新图需要，如满足则需将现图客车车底逐一指派去执行新图运行任务，如不能完全满足需求则需指派另外的客车车底执行运输任务。

3. 交替期客车车底的运用模式

现图客车车底交路计划与新图客车车底交路计划均在一定的客车车底运用规则下编制完成，两者可看成是独立的计划，交替期客车车底运用模式与新旧图中客车车底运用模式可相同也可不同，当交替期车底采用固定运用模式时，执行现图列车的客车车底仍将在新图中担当相同车次列车的运行任务，当交替期车底采用不固定运用模式时，执行现图列车的客车车底可担当满足条件的任一车次列车的运行任务。

5.2 车底固定运用模式下交替方案编制研究

5.2.1 问题分析

为了尽量不扰乱运输秩序，新运行图中的列车尽量采用现图中对应列车的客车车底，例如新运行图中列车 T1、T2 周转所需的车底尽量采用现图中列车 T1、T2 周转运用车底。鉴于此，本节将在既有线客车车底固定使用的基础上，研究车底的周转问题，为新列车运行图中的列车落实车底来源。为了直观描述此问题，图 5-1、图 5-2 均为新旧列车运行图交替期车底周转方案示意图。图中，细线为现图列车运行线，加粗线为对应的新图列车运行线，虚线为停运的列车运行线，向下的箭头表示此车底下线，两种车底周转方案均能实现新旧列车运行图车底的平稳过渡。两种方案进行对比，方案一共停运 5 列车，方案二停运 1 列车，在铁路运输组织过程中，为了满足社会对运输的需求及兼顾运输企业效益，一般列车停运越少越好。

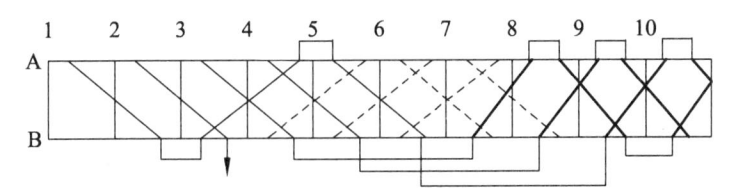

图 5-1　新旧列车运行图交替期车底周转方案 Ⅰ

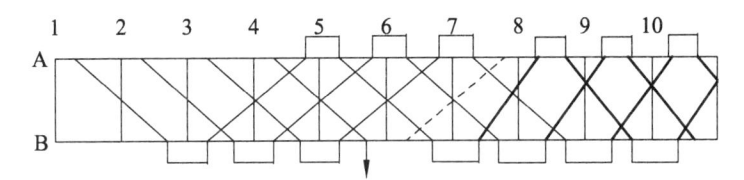

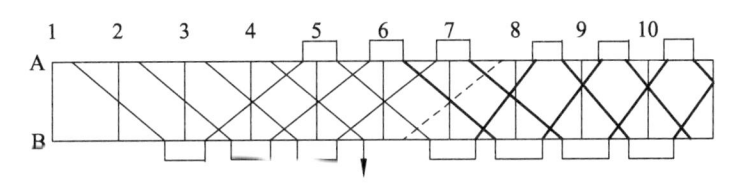

图 5-2　新旧列车运行图交替期车底周转方案 Ⅱ

另外，列车运行图交替期间有些列车按照新图运行，有些列车按照现图运行，列车运行秩序相对紊乱，因此，编制新旧列车运行交替方案时希望交替期的时间跨度越短越好。例如，在图 5-2 中从 A 站始发的列车从第 8 天开始按照新图列车时刻运行，新旧列车运行图交替开始于第 6、结束于第 8 天，图 5-3 从 A 站始发的列车从第 6 天开始按照新图时刻运行（注意前提是，从 A 站按照新图始发的列车与按照现图到达的列车间满足接续条件），新旧列车运行图交替开始于第 6 天、结束于第 7 天，两图进行对比可明显看出，图 5-3 交替期比图 5-2 少 1 天，方案更优。

图 5-3　新旧列车运行图交替期车底周转方案 Ⅲ

从图 5-3 中可以直观地看出，列车按照新图运行的日期越早，新旧运行图交替期越短，另外，列车在按照新图运行后，为了不引起运输组织紊乱，将不允许再按照旧图运行，基于此，如给定一个新旧交替列车运行初始方案，缩短其交替期的方法为：从交替期结束日期开始，按照时间倒序搜索从折返站始发的列车能否按照新图运行，判断的标准为初始方案中在折返站有接续关系的列车执行新图后是否仍满足接续条件。如可行，则列车按照新图运行，否则，维持初始方案中的列车运行方案。搜索结束条件为：按时间倒序搜索至第一个不能按照新图运行的列车，或按时间倒序搜索至交替期开始日期。

列车停运直接关乎旅客与运输企业的直接效益，而交替期的长短则影响铁路运输企业内部运输组织秩序调整所需时间长短，相较而言，本书认为减少交替期列车停运数量相对重要，为了降低问题求解难度，本书将以列车停运数量最少为目标编制新旧列车运行图交替方案，在此基础上，按照上述方法调整列车运行线执行新图日期，以缩短交替期。

鉴于上述分析，本书认为新旧交替列车运行方案编制的重点在于怎样以停运列车数量最少为目标编制交替初始方案，本书以下内容将以此为目标，研究新旧交替列车运行方案的编制方法。

5.2.2 模型建立

本节研究在既有线客车车底固定使用的情况下，如何制定交替期客车车底周转方案，以实现新旧列车运行图的平稳过渡，并且满足列车停运最少的优化目标。在新旧列车运行图交替期客车车底周转要考虑整个交替期每个客车车底每日的运用情况，客车车底的状态不仅仅是在线周转，还有下线停运、上线加入运营等状态，这就使得建立新旧列车运行图交替期客车车底周转的数学模型变得困难。人工智能（AI）的方法可以应用领域知识，提供满意的规划。因此，在客车车底固定运用的模式下，本书将采用 AI 的方法研究如何编制新旧列车运行图交替期客车车底周转方案。

AI 中的许多规划问题可以描述为：对于一个有限的变量集合中的每一个变量，设法从一个有限的值域中选择一个值，从而使得这些变量的取值满足一个约束的集合，这就是 AI 中的约束满足问题（Constraint Satisfaction Problem，CSP）[63]。约束满足常常被应用于寻找可行解的任务中，在一些应用中，偏好（preferences）常常充当次要的角色，找到可行解就足够了。但在有些应用中，偏好就不能被忽略，因此，就出现了约束满足优化问题（Constraint Satisfaction Optimal Problem，CSOP）[64]。例如在新旧列车运行图交替期客车车底周转方案编制问题中，除了要满足客车车底技术作业时间、现图客车车底下线停运时必须从车底配属站下线、新图客车车底必须从车底配属站上线、执行新列车运行计划后不得停运等约束外，还希望找到的解能够最高效地运用客车车底，担当最多的列车运行任务。

（1）模型建立前提。

本节仅考虑在新图中，仅有列车运行时刻发生改变的情况，并已知新图列车运行时刻、新图列车周转所需的客车车底数、现图列车运行时刻、现图列车周转所需的客车车底数。

（2）模型参数假设。

假设在现执行的列车运行图中，B 站为车底配属站，A 站为车底折返站。下行旅客列车 i 从 A 站的始发时刻为 t_{Af}^i，运行至 B 站的终到时刻为 t_{Bd}^i，其运行时间为 t^i，上行旅客列车 j 从 B 站的始发时刻为 t_{Bf}^j，运行至 A 站的终到时刻为 t_{Ad}^j，其运行时间为 t^j，车底接续关系固定且已知其在配属站的接续时间为 $t_{配}$，在折返站的接续时间为 $t_{折}$；在新列车运行图中，B 站仍为车底配属站，A 站仍为车底折返站。下行旅客列车 i' 从 A 站的始发时刻为 $t_{Af}^{i'}$，运行至 B 站的终到时刻为 $t_{Bd}^{i'}$，其运行时间为 $t^{i'}$，上行旅客列车 j' 从 B 站的始发时刻为 $t_{Bf}^{j'}$，运行至 A 站的终到时刻为 $t_{Ad}^{j'}$，其运行时间为 $t^{j'}$，其车底接续关系固定且已知其在配属站的接续时间为 $t_{配}'$，在折返站的接续时间为 $t_{折}'$。现执行的列车运行图中此对列车周转需要的客车车底集合为 $C=\{C_1,C_2,\cdots,C_M\}$，M 为现执行的列车运行图中此对列车周转需要的客车车底总数，在新运行图中相对应的列车周转所需的车底集合为 $C'=\{C_1',C_2',\cdots,C_N'\}$，$N$ 为新列车运行图中此对列车周转需要的客车车底总数。由于客车车底周转具有周期特性，则只需求解出 h 天（包含现执行的运行图车底周转周期和新运行图车底周转周期）内新旧客车车底的对应关系则能实现新旧列车运行图车底的平稳过渡，假设过渡期天数的集合为 $R=\{R_1,R_2,R_3,\cdots R_h\}$，$h$ 天内第一天从折返站发出的车底 C_1 可在完成一个现图的周转后在第 r 天从配属站开始执行新运行图。h 与 r 的表达式如下所示：

$$\begin{bmatrix} (T_{Af}^i + t^i + t^j + t^i + t_{配} + t_{折} + t_{Bf}^{j'} - t_{Bd}^i)/1440 \end{bmatrix} \quad 若 \quad t_{Bf}^{j'} - t_{Bd}^i \geq T_{配}$$

$$\begin{bmatrix} (T_{Af}^i + t^i + t^j + t^i + t_{配} + t_{折} + t_{Bf}^{j'} - t_{Bd}^i + 1440)/1440 \end{bmatrix} \quad 否则$$

(5-1)

$$h = r + \left(t^{i'} + t^{j'} + t'_{配} + t'_{折} \right)/1440 \tag{5-2}$$

式中，T_{Af}^i 为下行旅客列车 i 从 A 站的始发时刻 t_{Af}^i 与零点间的时长，单位为 min。

以图 5-4 为例，10 天内第一天从折返站发出的车底 C_1 可在完成一个旧的周转后在第 7 天从配属站开始执行新运行图。公式（5-1）（5-2）的图解如下：

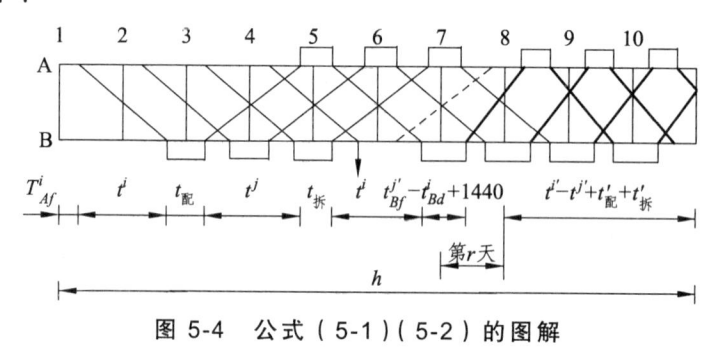

图 5-4 公式（5-1）(5-2) 的图解

为了表示车底与列车运行线的对应关系，定义 0-1 变量 $L_{C_m R_k}^i$，当车底 C_m 在第 R_k 天执行下行列车 i 的运行任务时变量取值为 1，否则变量取值为 0。0-1 变量 $L_{C_m R_k}^j$、$L_{C_m' R_k}^{i'}$、$L_{C_m' R_k}^{j'}$ 的取值类似于 $L_{C_m R_k}^i$。

1. 模型约束

（1）新旧客车车底在配属站接续，技术作业时间约束。

$$Y_1 = \{ t_{C_n' Bf R_k}^{j'} - t_{C_m Bd R_l}^i + 1440(R_k - R_l) \geq T_{配} | C_n' = C_m, L_{C_m R_l}^i \Rightarrow$$
$$L_{C_n' R_k}^{j'}, R_k \in R', R_l \in R, C_n' \in C', C_m \in C \}$$

(5-3)

其中 $t_{C_n'B/R_k}^{j'}$ 表示由车底 C_n' 担任的列车 j' 第 R_k 天从 B 站发车的时刻，其取值同 $t_{Bf}^{j'}$，$t_{C_nBdR_l}^i$ 表示由车底 C_m 担任的列车 i 第 R_l 天到达 B 站的时刻，其取值同 t_{Bd}^i，集合 $R' = \{R_r, R_{r+1}, R_{r+2}, \cdots, R_h\} \in R$，符号 " $\Rightarrow$ " 表示 "折返"，$L_{C_mR_l}^i \Rightarrow L_{C_n'R_k}^{j'}$ 表示担任列车 i 的车底 C_m 在第 R_l 天到 B 站后在第 R_k 天折返列车 j'，即旧车底 C_m 与新车底 C_n' 有对应关系。

（2）新旧列车运行图交替期，同一车次的列车每日有 3 种始发状态：由于车底周转关系此列车在当日暂时停运、列车按旧时刻始发、列车按新时刻始发。因此，同一车次列车在交替期每日最多始发一列的约束。

$$Y_2 = \left\{ \sum_{m=1}^{M} L_{C_mR_k}^i + \sum_{n=1}^{N} L_{C_n'R_k}^{j'} \leq 1 \middle| R_k \in R, C_n' \in C', C_m \in C \right\} \quad （5\text{-}4）$$

$$Y_2' = \left\{ \sum_{m=1}^{M} L_{C_mR_k}^j + \sum_{n=1}^{N} L_{C_n'R_k}^{j'} \leq 1 \middle| R_k \in R, C_n' \in C', C_m \in C \right\} \quad （5\text{-}5）$$

（3）开始执行新运行图后，每日都必须按照新列车运行计划始发，不得停运的约束。

$$Y_3 = \left\{ L_{C_n'R_k}^{j'} = 1 \middle| R_k \in R', C_n' \in C', C_m \in C \right\} \quad （5\text{-}6）$$

（4）新旧运行图中所需车底的数量有变化时，新车底上线时的始发站及旧车底下线时的终到站必须均为车底配属站的约束。

当旧车底数 M 小于新车底数 N 时，需有新车底上线，定义新列车运行图中此对列车周转需要的额外车底集合 $C'^1 = \{C_{M+1}', C_{M+2}', \cdots, C_N'\} \in C'$，此集合中的车底必须从车底配属站上线。新车底中与旧车底有对应关系的车底集合为 $C'^2 = \{C_1', C_2', \cdots, C_M'\} \in C'$。约束 Y_4 表示新上线的车底只能先担任上行运行任务后下行，其约束：

$$Y_4 - \left\{ R_\alpha - R_\beta < 0 \middle| R_\alpha \in R, R_\beta \in R \right\} \quad （5\text{-}7）$$

其中，$R_\alpha = \min\left\{ R_k \middle| L_{C_n'R_k}^{j'} = 1, C_n' \in C'^1, R_k \in R \right\}$，即新车底担当上行列车的第一天；$R_\beta = \min\left\{ R_k \middle| L_{C_n'R_k}^i = 1, C_n' \in C'^1, R_k \in R \right\}$，即新车底担当下行列车的第一天。

当旧车底数 M 大于新车底数 N 时，不会用到的旧车底需下线，定义新列车运行图中此对列车周转不用的车底集合 $C^1 = \{C_{N+1}, C_{N+2}, \cdots, C_M\} \in C$，此集合中的车底必须从车底配属站下线。旧车底中与新车底有对应关系的车底集合为 $C^2 = \{C_1, C_2, \cdots, C_N\} \in C$。约束 Y_4' 表示多余的旧车底最终担任下行列车，其约束：

$$Y_4' = \{R_\alpha - R_\beta < 0 \mid R_\alpha \in R, R_\beta \in R\} \quad (5\text{-}8)$$

其中，$R_\alpha = \max\{R_k \mid L_{C_m R_k}^j = 1, C_m \in C^1, R_k \in R\}$，即多余的旧车底担当上行列车的最后一天；$R_\beta = \max\{R_k \mid L_{C_m R_k}^i = 1, C_m \in C^1, R_k \in R\}$，即多余的旧车底担当下行列车的最后一天。

2. 模型目标

新旧交替列车运行图客车车底运用约束满足优化问题模型的目标是：最少的停运列车数，此目标可转化为在新旧列车运行图的交替期内最大的始发数，用式（5-9）表示：

$$\max Z = \sum_{m=1}^{M} \sum_{k=1}^{h} (L_{C_m R_k}^i + L_{C_m R_k}^j) + \sum_{n=1}^{N} \sum_{k=1}^{h} (L_{C_n' R_k}^{i'} + L_{C_n' R_k}^{j'}) \quad (5\text{-}9)$$

5.2.3 算法设计

首先采用搜索前确定变量实例化顺序的启发式知识，确定变量实例化的顺序，即在车底周转方案编制之前就确定现图客车车底执行新图列车运行任务的先后顺序。

在编制新旧交替列车运行方案时，规定新图客车车底必须从车底配属站上线、现图停运的客车车底必须从车底配属站下线，因此，在新旧列车运行图交替期，通过新图列车与现图列车在车底配属站的接续可实现客车车底在现图与新图间的周转过渡。在图 5-5 中，假设列车 a、b 为现图到达列车，列车 c、d 为新图出发列车，通过新旧图列车间的接续可实现客车车底的周转过渡，比较图 5-5（a）与图 5-5（b），两图中客车车底在车站的总接续时间相同，但因图 5-5（b）中后到的列车先发，可能因列车运行线 b 与 c 之间不满足接续时间标准导致新图中列车 c 因无车底可用而停运。

第5章 新旧交替列车运行方案编制研究

（a）客车车底运用方案 Ⅰ

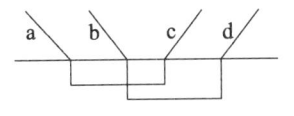

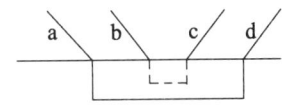

（b）客车车底运用方案 Ⅱ

图 5-5 客车车底运用方案

鉴于此，变量实例化顺序的启发式知识为：在确定的 h 天内，按照"先到先发"的原则以时间的先后顺序依次确定现图车底执行新图列车运行任务，如仍需额外的新车底承担新运行图中的列车运行任务，则仍以时间的先后顺序确定未上线运行的新车底执行新图列车运行任务的顺序。

确定了变量实例化顺序以后，用值选择启发式知识来指导对值的选择[65]。值选择启发式知识为：车底按照"先到先发"的原则最大限度地承担列车运行任务。这条启发式知识既考虑了车底运用的均衡性，又考虑了车底运用的高效性。

算法思想：

新图、现图的列车运行时刻及其各自的车底周转关系是编制新旧交替列车运行图车底周转计划的前提，根据已知的车底交路可分别计算出新旧图中所需车底数，通过比较新旧运行图中车底各需要的数量，可将交替期客车车底周转问题分为3类，各类问题的求解思路如下所述：

（1）当现图列车周转需要的车底总数 M 大于新图列车周转需要的车底总数 N 时，则首先按时间顺序建立现图车底中前 N 个车底与从第 r 天开始到第 $(r+N-1)$ 天的新列车运行线的对应关系，即确定了现图车底中前 N 个车底与新车底的对应关系，其次，在满足上述约束的条件下使这 N 个车底周转时尽可能多得担任运行任务，再次，使多余的现图车底在满足上述约束的条件下尽可能担任运行任务后，从配属站下线。

（2）当现图列车周转需要的车底总数 M 小于新图列车周转需要的车底总数 N 时，则首先按时间顺序建立现图车底与从第 r 天开始到第 $(r+M-1)$ 天的新图列车运行线的对应关系，即确定了现图车底与新图车底中前 M 个车底的对应关系，其次，在满足上述约束的条件下使这 M 个车底周转时尽可能多得担任运行任务，再次，额外需要的 $(N-M)$ 个新车底在满足上述约束的条件下从配属站上线运行。值得说明的是，如果新旧图各所需的车底编组不匹配，则可认为现图车底并不执行新列车运行线，仅与执行新线的新车底存在对应关系，在实际运输组织过程中可根据周转图将运行至车底配属站的所有不符合要求的现图车底下线，并在相应时刻启用新编组车底。

（3）当现图列车周转需要的车底总数 M 等于新图列车周转需要的车底总数 N 时，则首先按时间顺序建立现图车底与从第 r 天开始到第 $(r+M-1)$ 天的新列车运行线的对应关系，即确定了现图车底与新图车底的对应关系，其次，在满足上述约束的条件下使这 M 个车底周转时尽可能多得担任运行任务。

具体算法流程：

（1）当 $M>N$ 时，其算法流程如图 5-6 所示。

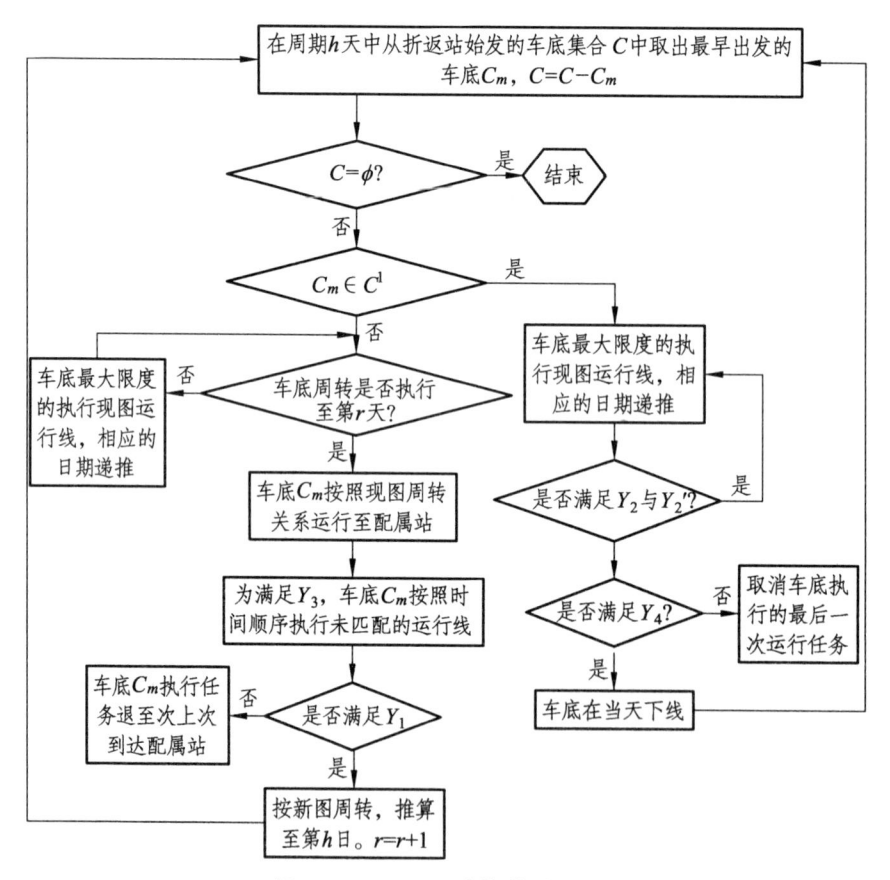

图 5-6 $M>N$ 时的算法流程

（2）当 $M < N$ 时，其算法流程如图 5-7 所示。

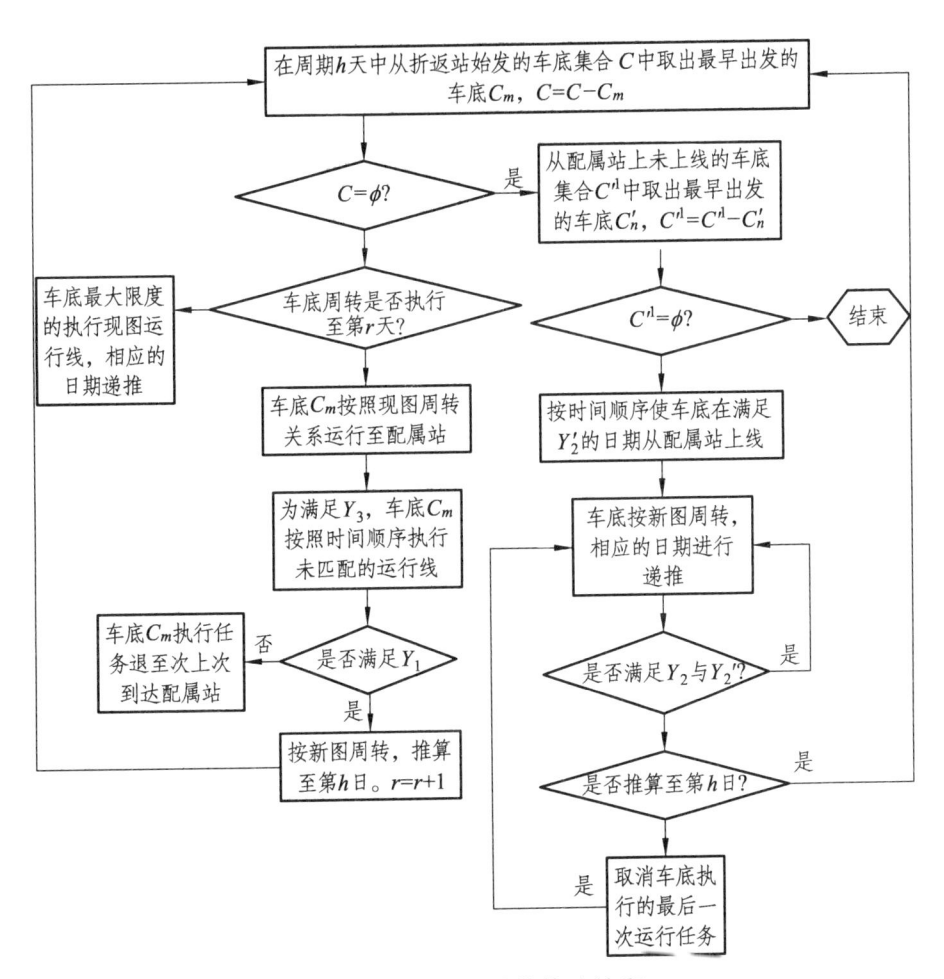

图 5-7 $M < N$ 时的算法流程

（3）当 $M = N$ 时，其算法流程如图 5-8 所示。

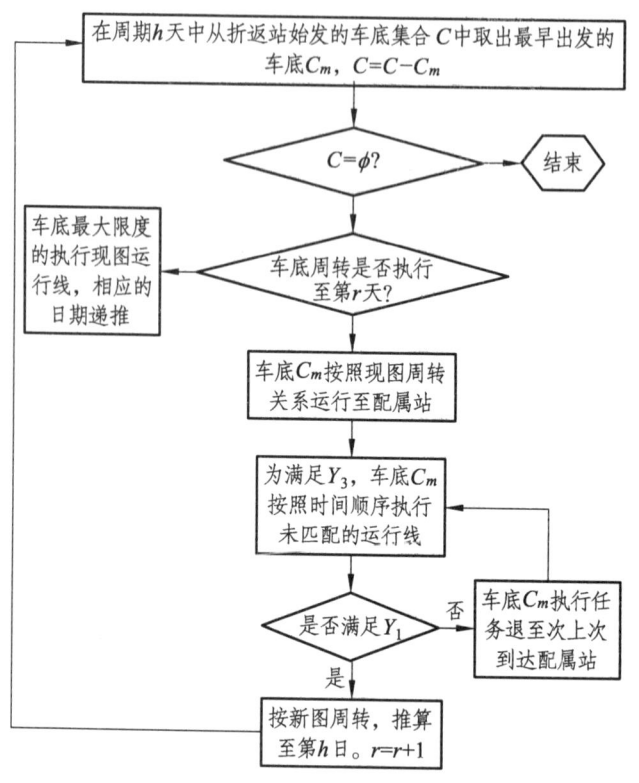

图 5-8　$M = N$ 时的算法流程

5.2.4　模型拓展

在上述模型中只讨论了新图列车运行时刻发生改变时新旧列车运行图交替方案编制问题。在此处将讨论其他因素改变后，新旧列车运行图交替方案的编制方法。

1. 列车运行区段改变

当客车车底运行的折返站改变时，因现图车底均在车底配属站开始执行新运行图故原模型仍适用，当新图中车底运行的配属站相较于现图改变，则原模型的第一个约束改为：

$$Y_1 = \left\{ t^{j'}_{C'_n BfR_k} - t^{i}_{C_m BdR_l} + 1440(R_k - R_l) \geqslant T_{配} + T_{空送} \middle| C'_n = C_m, L^{i}_{C_m R_l} \Rightarrow \right.$$
$$\left. L^{j'}_{C'_n R_k}, R_k \in R', R_l \in R, C'_n \in C', C_m \in C \right\} \quad (5\text{-}10)$$

式（5-10）中，$T_{空送}$ 为车底从现图配属站运行至新配属站的空送时间，如果配属站没有改变，则该值取值为 0，则通用模型中可采用上式。

2. 新旧图中所需车底的编组改变

原模型中新、旧车底编组相同，则当现图车底执行新运行图时可认为现图车底 C_m 与新图车底 C'_n 为同一车底，存在 $C'_n = C_m$ 的关系，如果编组不同，此时约束中的车底等式可理解为两者具有对应关系，在实际运输组织过程中可根据车底周转图在对应的时间从车底配属站启用新编组车底。

根据以上分析，修改后的模型适用于此文讨论的新列车运行图相较于现图发生所有改变情况下的车底周转问题，其算法与上述算法基本相同。

5.3 车底不固定运用模式下交替方案编制研究

5.3.1 问题分析

在新旧列车运行图交替中，在车底不固定运用模式下，本节考虑现图车底执行新图时只从客车车底配属站上线的情况。

1. 问题分类

假设现图中某类列车周转需要的客车车底数为 m，新图中此种类列车周转需要的客车车底数为 n，如 $m=n$ 则此问题就是通过确定新旧列车运行线的接续关系解决车底周转问题；如 $m<n$，则此问题除了确定新旧列车运行线的接续关系外，还要将（$n-m$）个新车底分配到新运行图中；如 $m>n$，则此问题除了确定新旧列车运行线的接续关系外，还要选择（$m-n$）个旧车底，使其运行至配属站后下线停运。

2. 问题约束分析

在铁路运营过程中，列车只能由一组车底担当，因此在编制新旧列车交替方案时，需满足约束为一组现图车底最多担当新图一列车运行任务，一列新图列车最多由一组现图车底担当，且新图中所有列车必须有车底担当。

3. 问题目标分析

极端情况下，在新图执行日前，现图中 m 个车底全部到达配属站后均不运行，等待执行新图运行任务，如图 5-9 所示，此时方案可行但停运列车数量最多。当新图执行日前到达的 m 个车底完成一次周转后再执行新图任务，则在新旧运行图交替期无列车停运，车底运用方案达到最优，如图 5-10 所示。值得注意的是，如果列车在执行新运行图前到达配属站，但按照现图的交路方案在执行日前不能再执行运行任务，此列车直接与新图列车接续也不会存在停运。鉴于以上分析，模型的目标就是新图列车尽量与新图执行前到达配属站并再完成一次周转后的列车接续。

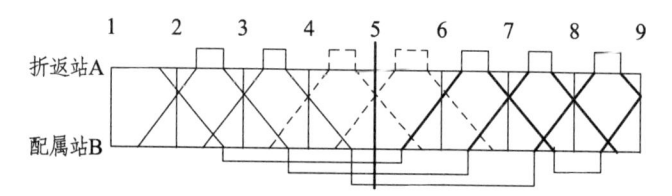

图 5-9 新旧交替列车运行图客车车底运用方案 I

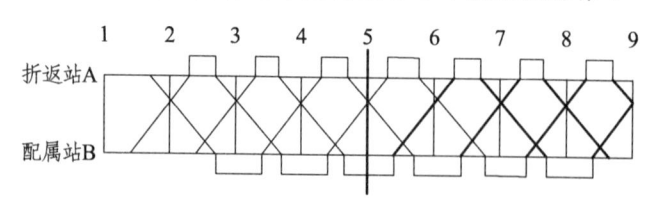

图 5-10 新旧交替列车运行图客车车底运用方案 II

5.3.2 模型建立

1. 构建时空网络

在本节中，我们将问题表述为具有不兼容弧线和整数流限制的最小成本多商品网络流问题，其中每种商品代表一组车底。底层网络为三维无环有向网络 $G=(V,a)$，其中 3 个维度分别为状态、空间和时间。值得注意的是，网络不是固定的，网络的时间跨度和弧线是由结果决定的。

2. 状态-时空网络构造

车底有 4 种状态，$k=0$ 表明车底在站停留等待接续，$k=1$ 表明车底回送，$k=2$ 表明车底下线回车辆段，$k=3$ 表明车底从车辆段始发准备加入运营。令 $K=\{0,1,2,3\}$ 表示构成网络 G 的"状态"维集合时间，G 的"空间"维度覆盖了车底所有配属站、折返站和车辆基地，其中我们用两个节点代表一列车的始发站和终到站，数学上，我们让 $S=\{o_l\mid l\in L\}\cup\{d_l\mid l\in L\}\cup\{h_i\mid i\in D\}$ 表示"空间"维度；$T=\{R_{1,1},R_{1,2},\cdots R_{1,1440}\cdots R_{i,j}\cdots,R_{I,1},R_{I,2},\cdots R_{I,1440}\}$ 表示时间维度。其中，$R_{1,j}$ 是交替的起始日期，可规定为旧运行图中客车车底从折返站始发的首日，$j\in(1,1440)$，时间最小单位是 min。假设 $R_{I,j}$ 是交替的终止日期，假设 I_1 是旧运行图中车底一次周转所需最长的天数，I_2 是新运行图中车底一次周转所需最长的天数。新旧交替最差的情形是，旧图中的所有车底按日到达车辆配属站，停留等待执行新图运行任务，等待期间会有大量列车停运，此时新旧交替的时长 $I=I_1+I_2$，因此，$I<I_1+I_2$。

表 5-1 总结了问题的输入参数，其中，所有与时间相关的参数都是整数值。

表 5-1 问题的输入参数

字符	参数含义
S	车站集合
k	车辆状态集合 $k=0,1,2,3$
R_{ij}	时间，i 表示交替日期，$i=1,2,3,\cdots,I$，j 是一日的时间，$j\in(0,1440)$
T	Set of time，$R_{ij}\in T$
o_l	列车 l 始发车站
d_l	列车 l 终到车站
h_i	车辆基地
L_1	旧图中到达配属站列车集合
L_2	旧图中从配属站始发列车集合
L'_1	新图中到达配属站列车集合
L'_2	新图中从配属站始发列车集合

续表

字符	参数含义
L	列车集合
D	车辆基地
U	旧图中所需的车底集合 $U=\{1,\cdots m,\cdots M\}$
W	新图中所需的车底集合 $W=\{1,\cdots m,\cdots N\}$
V_1	从车辆段始发的车底 $V_1=\{1,\cdots Q_1\}$, $Q_1=N-M$，if $M<N$
V_2	返回车辆段的车底 $V_2=\{1,\cdots Q_2\}$, $Q_2=M-N$，if $M\geqslant N$
F	车底集合 $F=U\cup W=\{1,2,\cdots,Q_3\}$ $Q_3=M+Q_1$, if $M<N$, else, $Q_3=M+Q_2$
T_{pickup}	车底在配属站执行不同运行任务的接续时间
T'_{pickup}	车底在折返站执行不同运行任务的接续时间
T_l	列车运行时间
T_{l,d_l,h_l}	担当列车 l 的车底从终到站 d_l 至车辆基地 h_l 的时间
T_{l,h_l,o_l}	担当列车 l 的车底从车辆基地 h_l 至始发站 o_l 时间
C_l	列车 l 停运代价

状态-时空网络 G 的顶点集为

$$V=\{o,d\}\bigcup\{(k,s,t)\mid k\in K, s\in S, t\in T\}$$

其中，顶点 o 和 d 分别是多商品流的虚拟源和虚拟汇。在这个网络中，从点 o 开始到点 d 结束的路径表明了车辆状态和位置随时间变化的顺序。

假设旧图中列车 l_1 与列车 l_2 共用 M 组车底完成周转，新图中列车 l'_1 与 l'_2 共用 N 组车底完成周转，新旧图中的车底可以共享，则点集 (k,s,t) 包含 7 种类型。

第一类是旧图中 M 组车底从折返站始发及终到配属站的时空点，如 l_1 从折返站始发的时空点 $(0,o_{l_1},t_1)$ $(0,o_{l_1},t_1+1440)$ ... 直至 $[0,o_{l_1},t_1+(M-1)\times 1440]$，及相应终到点 $(0,d_{l_1},t_2)$ $(0,d_{l_1},t_2+1440)$ ... 直至 $[0,d_{l_1},t_2+(M-1)\times 1440]$，始发

点与终到点之间用弧相连，代表一列车，其中 $t_2-t_1=T_{l_1}$，共设节点 $2M$ 个。

第二类是按照旧图交路与前述第一列车有接续关系列车的始发及终到点，由于 M 组车底担当的 l_1 与 l_2 与 N 组车底担当的 l_1' 与 l_2' 在新旧交替过程中如果紧接续（只要不同列车在配属站的终到始发时间差大于接续时间就接续），最多造成停运一对，因此第二类节点只设置 2 个，如果 $t_3-t_2\geq T_{pickup}$，则设节点 $(0,o_{l_2},t_3)$ 及 $(0,d_{l_2},t_4)$，始发点与终到点之间用弧相连，其中 $t_4-t_3=T_{l_2}$，否则，列车 l_2 从配属站始发日期推迟一天，构建节点 $(0,o_{l_2},t_3+1440)$ 及 $(0,d_{l_2},t_4+1440)$。

第三类是按照旧图交路与第二类节点所构成的有接续关系列车的始发及终到点，$(0,o_{l_1},t_1+1440M)$ 及相应终到点 $(0,d_{l_1},t_2+1440M)$，共设置 2 个，始发点与终到点之间用弧相连。

第四类是按照新图交路与列车 l_1 有接续关系列车 l_2' 的始发及终到点，如果 $t_5-t_2\geq T_{pickup}$，则 t_5 与 t_2 为同一日，设节点 $(0,o_{l_2'},t_5)$ $(0,o_{l_2'},t_5+1440)$ …直至 $(0,o_{l_2'},t_5+(N-1)\times 1440)$，及相应终到点 $(0,d_{l_2'},t_6)$ …直至 $[0,d_{l_2'},t_6+(N-1)\times 1440]$，其中 $t_6-t_5=T_{l_2'}$，否则，列车 l_2' 从配属站始发日期推迟一天，构建节点 $(0,o_{l_2'},t_5+1440)$ …直至 $(0,o_{l_2'},t_5+1440N)$ 及相应终到点 $(0,d_{l_2'},t_6+1440)$ …直至 $(0,d_{l_2'},t_6+1440N)$ 共设节点 $2N$ 个，始发点与终到点之间用弧相连。

第五类是按照新图交路与第四类时空点有接续关系的列车始发点和终到点，如果 $t_7-t_6\geq T'_{pickup}$，则列车 l_1' 第一个始发点 $(0,o_{l_1'},t_7)$ 与列车 l_2' 第一个终到点 $(0,d_{l_2'},t_6)$ 为同一天，否则推迟一天开始按日依次布设 N 个始发点，即 $(0,o_{l_1'},t_7)$ …直至 $(0,o_{l_1'},t_7+1440N)$，及相应终到点 $(0,d_{l_1'},t_8)$ …直至 $(0,o_{l_1'},t_8+1440N)$，始发点与终到点之间用弧相连，$t_8-t_7=T_{l_2'}$ 共有 $2N$ 个；值得注意的是第四类与第五类节点所在日期非固定，当求解过程中第一类节点 $(0,d_{l_1},t_2)$ 与第二类节点 $(0,o_{l_2},t_3)$ 接续时，与第二类节点同一日的第

四类节点 $(0,o_{l_2'},t_5)$ 及相应的终到点 $(0,d_{l_2'},t_6)$ 删除，所有的第四类、第五类节点均向后移一天。

第六类是车底停止运营返回车辆段的时空点，如果 $M \geq N$，则存在节点 $(2,h_i,t_9)$ … 直至 $[2,h_i,t_9+1440(Q_1-1)]$，其点的个数等于 Q_1（$Q_1=M-N$, $if M \geq N$），其中 $t_9-t_2=T_{l_1 d_1 h_i}$。

第七类是从车辆段上线的时空点，如果 $M < N$，则存在节点 $(3,h_i,t_{10})$，… 直至 $[3,h_i,t_{10}+1440(Q_2-1)]$ 其点的个数等于 Q_2（$Q_2=N-M$, $if M < N$），其中 $t_5-t_{10}=T_{l_2' h_i o_{l_2'}}$。

例如，列车 K2634（西宁至成都）、K2632（成都至西宁）在新旧图中均运用 2 组车底固定循环运转，成都站为配属站，除了虚拟源和虚拟汇外，时空网络图中共有五类节点，分别为第一类节点为旧图中从折返站西宁始发的时空点（0，西宁，第 1 日 19:30），（0，西宁，第 2 日 19:30）及（0，成都，第 2 日 10:38）（0，成都，第 3 日 10:38）；第二类节点（0，成都，第 2 日 18:01）（0，西宁，第 3 日 9:20）；第三类节点（0，西宁，第 3 日 19:30）（0，西宁，第 4 日 19:30）；第四类节点（0，成都，第 3 日 7:20）（0，成都，第 4 日 7:20）及（0，西宁，第 3 日 22:30）（0，西宁，第 4 日 22:30）；第五类节点（0，西宁，第 4 日 8:10）（0，西宁，第 5 日 8:10）及（0，成都，第 4 日 23:00）（0，成都，第 5 日 23:00）。

假设旧图中的 M 组车底与新图中的 N 组车底不能共享，则图中有第一类节点 $2M$ 个，第六类节点 M 个，第四类节点 $2N$ 个，第七类节点 N 个。

1）弧

每一个弧 $u \to v \in A$ 的能力只能允许一组车底通过，每一个弧均有不同的代价，ξ_{uv}^m 表示车底 m 走过弧 $u \to v \in A$ 的代价，一条从源到汇的完整弧表明一个车底在交替期的运用计划。

（1）起始弧：对于车底 $m \in U$，（旧图车底）均有从源至第一类节点始发点的起始弧 $o \to (0,o_{l_1},t_1+1440n)$，$n \in (0,1,\cdots M)$，代价 $\xi_{o(0,o_{l_1},t_1+1440n)}^m=0$，对于 $m \in V_1$，（需从车辆段上线），均有从源至车辆段的起始弧 $o \to (3,h_i,t_{10}+1440n)$，$n \in (0,1,\cdots Q_2-1)$ 每条弧代价为 $\xi_{o(3,h_i,t_{10}+1440n)}^m=0$，其余 $\xi_{o(k,s,t)}^m=+\infty$。

第 5 章 新旧交替列车运行方案编制研究

（2）终止弧：对于车底 $m \in W$，（新图车底）均有从第五类节点中的终到点到汇的终止弧 $(0, d_{l_{i'}}, t_8 + 1440n) \to d$，$n \in (0, 1, \cdots N-1)$，代价 $\xi^m_{(0, d_{l_{i'}}, t_8 + 1440n)d} = 0$，对于 $m \in V_2$，（需返回车辆段），均有从车辆段至汇的终止弧 $(2, h_i, t_9 + 1440n) \to d$，$n \in (0, 1, \cdots Q_1 - 1)$ 且每条弧代价为 $\xi^m_{(2, h_i, t_9)d} = 0$，其余 $\xi^m_{(k, s, t)d} = +\infty$。

（3）运行弧：一列车的始发点与终到点构成的弧，如 $(0, o_{l_1}, t_1) \to (0, d_{l_1}, t_2)$，$(0, o_{l_2}, t_3) \to (0, d_{l_2}, t_4)$，$(0, o_{l_2'}, t_5) \to (0, d_{l_2'}, t_6)$，$(0, o_{l_1'}, t_7) \to (0, d_{l_1'}, t_8)$ 被车底执行，则其代价为 0。

（4）停运弧：当第二类与第三类节点所构成的运行弧 $(0, o_{l_2}, t_3 + 1440n) \to (0, d_{l_2}, t_4 + 1440n)$，$(0, o_{l_1}, t_1 + 1440M) \to (0, d_{l_1}, t_2 + 1440M)$ 没被车底执行时，即列车 l_1 与 l_2 均停运一日，此时，判断能够替代 l_1 与 l_2 的新图列车 l_1' 与 l_2' 在同一日 $(0, o_{l_2'}, t_5 + 1440n) \to (0, d_{l_2'}, t_6 + 1440n)$ 及 $(0, o_{l_1'}, t_7 + 1440n) \to (0, d_{l_1'}, t_8 + 1440n)$ 是否被车底经过，其中 $(t_5 + 1440n)$ 与 $(t_3 + 1440n)$ 为同一日，$(t_7 + 1440n)$ 与 $(t_1 + 1440M)$ 为同一日，如果是，则弧 $\xi^m_{(0, o_{l_2}, t_3 + 1440n) \to (0, d_{l_2}, t_4 + 1440n)} = 0$，$\xi^m_{(0, o_{l_1}, t_1 + 1440M) \to (0, d_{l_1}, t_2 + 1440M)} = 0$，否则，列车 l_1 与 l_2 均停运一日，停运代价 $\xi^m_{(0, o_{l_2}, t_3 + 1440n) \to (0, d_{l_2}, t_4 + 1440n)} = C_{l_2}$，$\xi^m_{(0, o_{l_1}, t_1 + 1440M) \to (0, d_{l_1}, t_2 + 1440M)} = C_{l_1}$。

（5）接续弧：有 2 类接续弧，一类是新旧图车底交路中已规定的接续弧其接续成本为 0，即第一类节点的终到点与第二类节点中的始发点构成的弧，例如 $\xi^m_{(0, d_{l_1}, t_2) \to (0, o_{l_2}, t_3)} = 0$，第二类节点的终到点与第三类节点中的始发点构成的弧 $\xi^m_{(0, d_{l_2}, t_4 + 1440n) \to (0, o_{l_1}, t_1 + 1440M)} = 0$ 及第四类节点的终到点与第五类节点中的始发点构成的弧 $\xi^m_{(0, d_{l_2'}, t_6 + 1440n) \to (0, o_{l_1'}, t_7 + 1440n)} = 0$；一类是交替期新旧列车在配属站的接续弧 $(0, d_{l_1}, t_2 + 1440n) \to (0, o_{l_2'}, t_5 + 1440n)$，如果新旧列车配属站一致 $d_{l_1} = o_{l_2'}$，$t_5 - t_2 \geq T_{pickup}$，则 $\xi^m_{(0, d_{l_1}, t_2 + 1440n)(0, o_{l_2'}, t_5 + 1440n)} = C_{t_2 t_5}$，成本与接续时间 $(t_5 - t_2)$ 正相关，如果 $t_5 - t_2 < T_{pickup}$，则 $\xi^m_{(0, d_{l_1}, t_2 + 1440n)(0, o_{l_2'}, t_5 + 1440n)} = +\infty$。

（6）空走弧：对于交替期新旧列车在配属站的接续弧 $(0,d_{l_1},t_2+1440n) \to (0,o_{l_2'},t_5+1440n)$，如果新旧列车配属站不一致 $d_{l_1} \neq o_{l_2'}$，接续时间满足 $t_5-t_2 \geq T_{pickup}+t_{d_{l_1}o_{l_2'}}$。空走弧的代价与两站间的运行时间正相关，$\xi^m_{(0,d_{l_1},t_2+1440n) \to (0,o_{l_2'},t_5+1440n)} = C_{d_{l_1}o_{l_2'}}$，否则，空走弧代价 $\xi^m_{(0,d_{l_1},t_2) \to (0,o_{l_2'},t_5)} = +\infty$。

（7）返回动车基地弧：对于 $m \in V_2$（哪些车底回返回车辆段取决于交替期车底运用计划），存在弧 $(0,d_{l_1},t_2+1440n) \to (2,h,t_9+1440n)$ 或者 $(0,d_{l_2},t_4+1440n) \to (2,h,t_9+1440n)$，for $h \in D$ and $t_9-t_2=T_{d_{l_1}h}$，$t_9-t_4=T_{d_{l_2}h}$，$n \in (0,1,\cdots Q_1-1)$，代价与走行时间正相关，$\xi^m_{(0,d_{l_1},t_2) \to (2,h,t_9)} = C_{bd_{l_1}h}$，$\xi^m_{(0,d_{l_2},t_4) \to (2,h,t_9)} = C_{bd_{l_2}h}$，否则，返回动车基地弧代价 $\xi^m_{(k,s,t) \to (2,h,t_9)} = +\infty$。

（8）从基地上线弧：对于 $m \in V_1$，存在弧 $(3,h,t_{10}+1440n) \to (0,o_{l_2'},t_5+1440n)$，for $h \in D$ and $t_{10}-t_5=T_{ho_{l_2}}$，$n \in (0,1,\cdots Q_2-1)$，then 代价 $C_{fho_{l_2}}$ 与走行时间正相关，$\xi^m_{(3,h,t_{10}+1440n) \to (0,o_{l_2'},t_5+1440n)} = C_{fho_{l_2}}$，否则，从基地上线弧 $\xi^m_{(3,h,t_{10}) \to (k,s,t)} = +\infty$。

2）约束

（1）列车运行约束1：新旧图中有替代关系的列车每日最多始发一列。

$$\sum_{u \to v \in A(\mathbb{C}_1 \cup \mathbb{C}_2)} \sum_{m \in F} x^m_{u,v} \leq 1 \qquad (5\text{-}11)$$

$$\mathbb{C}_1 = \left[(0,o_{l_1},t_1+1440n) \to (0,d_{l_1},t_2+1440n)\right] \cup$$
$$\left[(0,o_{l_1'},t_7+1440n) \to (0,d_{l_1'},t_8+1440n)\right]$$
$$if \quad l_1 \approx l_1', t_1+1440n=R_{zj}, t_7+1440n=R_{zj'}, n \geq 0$$
$$\mathbb{C}_2 = \left[(0,o_{l_2},t_3+1440n) \to (0,d_{l_2},t_4+1440n)\right] \cup$$
$$\left[(0,o_{l_2'},t_5+1440n) \to (0,d_{l_2'},t_6+1440n)\right]$$
$$if \quad l_2 \approx l_2', t_3+1440n=R_{zj}, t_5+1440n=R_{zj'}, n \geq 0$$

（2）列车运行约束2：一旦新图列车从某一日始发，则新图列车不允许暂时停运，必须从始发日每天发一列。

$$\sum_{u \to v \in \mathbb{C}_3} \sum_{m \in F} x_{u,v}^m = 1 \qquad (5-12)$$

$$\mathbb{C}_3 = \left[\left(0, o_{l_2'}, t_5 + 1440n\right) \to \left(0, d_{l_2'}, t_6 + 1440n\right) \mid l_2' \in L', n > 0, x_{\left(0, o_{l_2'}, t_5\right) \to \left(0, d_{l_2'}, t_6\right)}^m = 1 \right]$$

（3）列车运行约束 3：新旧列车在折返站的接续关系唯一。

$$\sum_{u \to v \in \mathbb{C}_4} \sum_{m \in F} x_{u,v}^m = 1 \qquad (5-13)$$

$$\mathbb{C}_4 = \left[\left(0, d_{l_2'}, t_6 + 1440n\right) \to \left(0, o_{l_1'}, t_7 + 1440n\right) \mid l_1', l_2' \in L', n \geqslant 0 \right]$$

$$\mathbb{C}_5 = \left[\left(0, d_{l_2'}, t_6 + 1440n\right) \to \left(0, o_{l_1'}, t_7 + 1440n\right) \mid l_1', l_2' \in L', n \geqslant 0 \right]$$

（4）起始弧约束：旧图中有 M 个车底，则起始弧中，必有 m 个弧从源点到旧图列车终到点。

$$\sum_{\{v: o \to \left(0, o_{l_1}, t\right) \in A_{Sart}\}} \sum_{m \in U} x_{o,v}^m = M \qquad (5-14)$$

（5）终止弧约束：新图中需要 N 个车底，则终止弧中，必有 N 个弧从新图列车终到点到汇。

$$\sum_{\{u: \left(0, d_{l_1'}, t_8\right) \to d \in A_{ending}\}} \sum_{m \in W} x_{u,d}^m = N \qquad (5-15)$$

（6）车辆段相关弧约束：如果 $M \geqslant N$，则起始弧中，必有 Q_2 条弧从旧图列车终到点到车辆段，则有 Q_2 条弧从车辆段到汇。如果 $M < N$，则起始弧中，必有 Q_1 条弧从车辆段到新图列车始发点，则有 Q_1 条弧从源到车辆段。

$$\begin{aligned} \sum_{\{v: o \to (3, h, t_{10}) \in A_{Sart}\}} \sum_{m \in V_1} x_{o,v}^m = Q_1(M < N) \\ \sum_{\{u: (2, h, t_9) \to d \in A_{ending}\}} \sum_{m \in V_2} x_{u,d}^m = Q_2(M > N) \end{aligned} \qquad (5-16)$$

5.3.3 算法设计

1. 蚁群算法

符号含义：

- α，随机信息素影响；
- β，启发式信息素影响；
- $nAnts$，蚂蚁数量，与车底数 Q_3 相同；

- γ，信息素的蒸发率；
- $NC-\max$，最大迭代次数；
- $\tau_{ij}(n)$，边 (i,j) 的信息素；
- Z，目标函数（1）的取值。

禁忌表 $tabu(s)$ 包含迭代中已访问过的节点和与当前节点的代价为 $\xi_{v_iv_j}^k=+\infty$ 的节点

$visit(s)$ 包含除上述两种节点以外的节点。

步骤：

步骤1：蚂蚁结构为访问过的所有节点，所有节点初始放入集合 $visit(s)$，初始化所有蚂蚁所有信息为0。

步骤2：将时空网络中必按顺序访问的节点按次排序，并打包为一节点组，表明只要蚂蚁访问了组中第一个节点，则默认这一组节点都按次序访问。包括两类，第一类为运行弧，将同一列车的始发终到点按次序排列，蚂蚁 k 访问了一列列车始发点，则下一访问节点必须为同一列车的终到点，第二类为按照新图车底周转关系确定的接续弧，如 $(0,d_{l_2},t_6)\to(0,o_{l_1'},t_7)$，蚂蚁 k 访问了新图列车 l_2' 始发点，则必须按顺序访问新图中与 l_2' 有接续关系的列车 l_1' 相应的节点。

步骤3：随机选择蚂蚁 k，源 o 是第一个访问的节点，访问第二个节点时，先判断 $visit(s)$ 中是否存在第一类节点，是则按时间顺序访问第一类节点 $(0,o_{l_1},t_{L_1})$，并将访问的节点从 $visit(s)$ 中删除并加入禁忌表 $tabu(s)$ 中，否则随机选择第七类节点 $(3,h,t)$ 作为第二个节点。

步骤4：在 $visit(s)$ 选择蚂蚁 k 访问的下个节点，根据列车运行约束1所示，当节点 $(0,o_{l_1},t_1)(0,d_{l_1},t_2)$ 被访问，则节点 $(0,o_{l_1'},t_7)(0,d_{l_1'},t_8)$ 被加入禁忌表 $tabu(s)$ 中，其中 $l_1\approx l_1',t_1=R_{zj},t_7=R_{zj'}$，当节点 $(0,o_{l_2},t_3)\to(0,d_{l_2},t_4)$ 被访问，则节点 $(0,o_{l_2'},t_5)\to(0,d_{l_2'},t_6)$ 加入禁忌表 $tabu(s)$ 中，其中 $l_2\approx l_2',t_3=R_{zj},t_5=R_{zj'}$。计算选择概率 ρ_{ij}^k 并生成随机概率 ω，如果 $\rho_{ij}^k>\omega$，选择最大概率节点访问，否则，加总计算节点概率直到 $\sum_j\rho_{ij}^k>\omega$，并选择当前节点，被选择访问的节点从 $visit(s)$ 中删除并加入禁忌表 $tabu(s)$。

步骤 5：判断蚂蚁是否访问第五类节点 $(0,d_{L_{i'}},t_{L_{i'}})$ 或第六类节点 $(2,h_i,t_9)$，如果是，则下个节点访问网络虚拟节点汇 d，蚂蚁 k 结束访问，记录蚂蚁 k 访问过的所有节点；否则，跳到步骤 4。

步骤 6：选择下一个蚂蚁从源 o 开始访问，跳回步骤 3，直到所有蚂蚁 Q_3 完成访问。

步骤 7：计算目标函数，如果目标函数小于先前值，则替代，否则保持原解作为最优解。

步骤 8：更新全局信息素。

步骤 9：迭代次数 $NC=NC+1$，如果 NC 小于 $NC-\max$，则转步骤 3，否则继续。

步骤 10：展示最优的新旧图车底交替计划。

2. 参数计算

节点之间的可见度 $\eta_{ij}=1/\xi_{ij}$，如果 $\xi_{ij}=0$，则 $\eta_{ij}=E$，E 为足够大的一个常数，如果 $\xi_{ij}=+\infty$，则 $\eta_{ij}=0$。

$$\rho_{ij}^k = \begin{cases} 0, j \in tabu_k \\ \dfrac{\tau_{ij}(n)^\alpha [\eta_{ij}]^\beta}{\sum_{k \notin tabu_k}\left[\tau_{ij}(t)^\alpha [\eta_{ij}]^\beta\right]}, j \notin tabu_k \end{cases}$$

3. 信息素更新规则

$$\tau_{ij}(n+1)=(1-\gamma)\tau_{ij}(n)+\Delta\tau_{ij}$$

$$\Delta\tau_{ij} = \begin{cases} Q/Z, j \in BestS \\ 0, j \notin BestS \end{cases}$$

- α，随机信息素影响；
- β，启发式信息素影响；
- $nAnts$，蚂蚁数量，与车底数 Q_3 相同；
- γ，信息素的蒸发率；
- $NC-\max$，最大迭代次数；
- $\tau_{ij}(n)$，边 (i,j) 的信息素。

5.4 动车组运用影响因素分析

动车组与既有铁路客车都是铁路旅客运输的运载工具，对运载工具运用的优化都可以降低运营成本、提高运输效率。动车组与既有铁路客车在运用方面必然存在某些相似点，其受到的影响因素类似，但动车组牵引与载客设施是不可分离的，相较于交替期铁路客车车底运用，新旧交替动车组运用方案编制时需考虑的因素有其特殊性。

5.4.1 列车开行方案

对于客运专线而言，客流在节假日、周末相较于平时呈现出明显的高峰期，客流波动较大。铁路客运部门为了满足不同时期的客流需求，编制了不同的开行方案，列车开行数量呈现出周期性波动，开行方案尤其是列车开行数量的变动对动车组上线运行时间具有重要影响，从而对动车组运用数量的要求相差很大。

5.4.2 列车运行图

列车运行图主要是从时间上影响动车组的运用效率，分布均衡、合理接续的列车运行图有利于动车组的最大化利用[41]。在新旧交替运行图动车组运用方案中，动车组列车运行时刻和旅行时间是关键因素，如果动车组不存在跨天运行情况，即动车组列车旅行时间不超过 24 h 且运行时刻不过零点，在执行新图日期前一天，执行现图运输任务的所有动车组均可到达终点站，在不考虑其他影响因素的前提下，如需执行新图，则在站停留的动车组可在新图执行日立即按照新时刻运行而不存在冲突。

5.4.3 动车组运用模式

根据动车组可运行的区段，动车组运用模式可以划分为固定方式、不固定方式。与既有铁路客运车底的使用方式不同，高速铁路动车组固定区段既可以是起始车站之间的区段，也可以理解为多个区段的周期性套跑。不固定使用方式是指动车组的运用不固定于某一运行线路或某几个区段，而是根据运输需求可以担当任何一条运行线。与固定方式相比不固定方式能够灵活地解决动车组检修问题，并能提高动车组的使用效率，减少动车组的使用数量。但是，我国客运专线路网覆盖范围广阔，

- 94 -

路网结构复杂，若动车组在全路范围内不固定区段运用，无论对于动车组的管理还是检修、都将是非复杂，很难以实施。

5.4.4 动车组检修模式与体制

为了保证列车安全运营，动车组每次上线运行时必须保证状态完好，动车组检修模式与体制规定了动车组运行多长距离或多长时间必须进行几级检修、检修方式及检修整备所需要的时间和检修场所。在新旧交替动车组运用方案中检修因素作为重要的限制条件，决定了动车组是否能够担当指定的列车运行。

根据"计划预防修制"和"以可靠性为中心"的维修原则以及国外经验，我国将动车组的检修模式拟分为一级检修、二级检修、三级检修、四级检修、五级检修五级，见表5-2。

表 5-2 动车组检修周期表

检修级别	CRH1	CRH2	CRH3	CRH5
一级检修	运行里程 4000 km 或 48 h	运行里程 4000 km 或 48 h	运行里程 4000 km 或 48 h	运行里程 4000 km 或 48 h
二级检修	15 天	3 万 km 或 30 天	暂定 2 万 km	6 万 km
三级检修	120 万 km	45 万 km 或 1 年	120 万 km	120 万 km
四级检修	240 万 km	90 万 km 或 3 年	240 万 km	240 万 km
五级检修	480 万 km	180 万 km 或 6 年	480 万 km	480 万 km

而各级检修规定时间见表5-3。

表 5-3 动车组各级检修时间表

检修级别	平均预防维修时间
一级维修	1 h
二级维修	4 h
三级维修	2 d
四级维修	4 d
五级维修	20 d

5.4.5 检修基地

检修基地可大致分为动车组存车场、动车组运用所及动车段。动车存车场承担动车组的存放及运用整备任务。动车运用所则派驻动车组，承担动车组的运用整备以及存放任务，一级修和二级修；动车段配属动车组，承担动车组所有各级检修[66]。在新旧交替动车组运用方案中，如果检修基地有足够的检修、存放能力，则动车组运用不受检修基地能力约束，否则，动车组有可能因检修能力不够造成列车停运。另外，检修基地的布局也会对动车组运用造成影响。若布局合理，动车组到达检修修程便可直接进入基地进行检修；否则会增加额外的空车走行和回送现象，影响动车组使用效率。

5.4.6 周转接续约束

动车组的折返时间由旅客上下车的时间、保洁时间、司机换室、上客结束至车门关闭、车门关闭至列车发车等部分组成[41]。动车组在各站折返与动车组编组、客流人数、车站结构等因素相关，折返时应满足一定的周转接续时间标准。另外，动车组接续有时间、地点约束。所谓时间约束，指相互接续的两个动车组，后续动车组的出发时间要晚于前行动车组的到达时间，而且时间间隔要大于接续时间标准。所谓地点约束，指相互接续的动车组，前行动车组的到达地点与后续动车组的出发地点需为同一地点。

5.4.7 动车组管理方式

目前，我国动车组配属类似于既有线客车，为了便于对动车组进行管理，动车组配属至各个铁路局集团公司，一般情况下，属于不同路局的动车组不套用。另外，我国路网规模庞大，各条线路技术标准不一，所使用的动车组车型繁多。不同类型动车组间能否相互套用需进行明确规定。

我国动车组运用编组大致可分为两种，即单组运行或重联，可重联的数量与车站的站台长度、需要的加减速度和制动距离有关。就国内的 CRH 而言，一般重联两个动车组，即 16 节车厢[41]。一般情况下，不同编组的动车组不能相互套用。

5.4.8 问题分析

如果动车组列车在铁路干线运行且运行时间超过 24 h 或存在跨天运行情况，则新旧交替列车运行图动车组运用类似于既有线客车车底运用，其交替方案的编制可参考上述研究内容。这节主要研究，城际动车组一日内在固定的区段往返运行多次，夜间在站段过夜或检修时，新旧列车运行图交替期动车组的运用方案。例如武广高速铁路，动车组在武汉、广州南、长沙南之间往返运行，由武汉局集团公司担当的动车组必须进入武汉进行检修，由广州局集团公司担当的动车组可在广州南和长沙南入库检修。

在编制新旧运行图动车组运用方案之前，已知现图及其相应的动车组交路计划、新图及其相应的动车组交路计划。在给定的列车运行图和动车组检修模式与体制的基础上，动车组交路计划规定了动车组在什么时刻、在哪个车站、担当哪次列车，及动车组在什么时间、什么地点、进行哪种类型的检修作业，确保了为每列车提供状态良好的动车组，交路计划是动车组运用和维修的综合计划[7]。图 5-11（a）、（b）分别为现图动车组交路的不同表现方式、图 5-12（a）、（b）分别为新图动车组交路的不同表现方式。

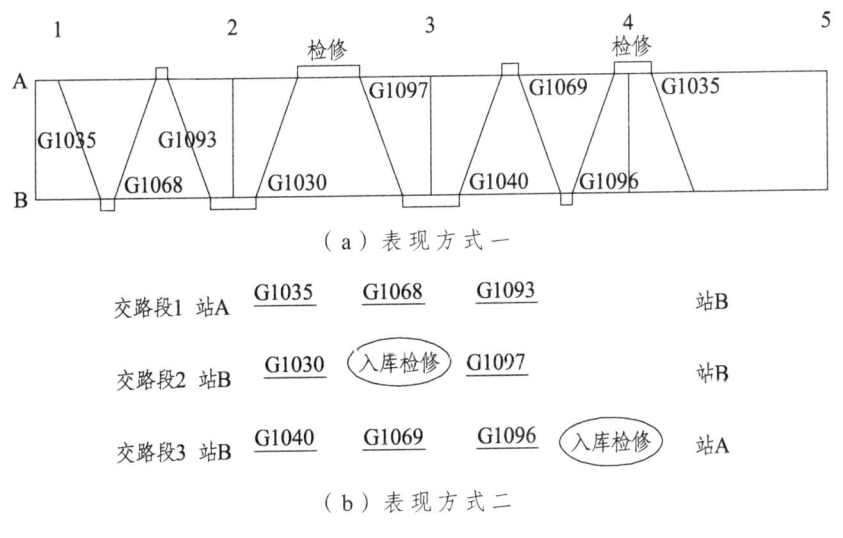

（a）表现方式一

（b）表现方式二

图 5-11 现图动车组交路表现方式

```
     1            2           3          4          5
              检修              检修
  A ┌──────┬─────────┬─────────┬─────────┬─────────┐
    │\    /│\       /│\       /│\       /│\       /│
    │ G1037│ G1095   │ G1101   │ G1071   │ G1037   │
    │/    \│/       \│/       \│/       \│/       \│
  B └──────┴─────────┴─────────┴─────────┴─────────┘
       G1070    G1032      G1004    G1098
```

（a）表现方式一

交路段1 站A　G1037　　G1070　　G1095　　　　　　站B

交路段2 站B　G1032　（入库检修） G1101　　　　　站B

交路段3 站B　G1004　　G1071　　G1098　（入库检修） 站A

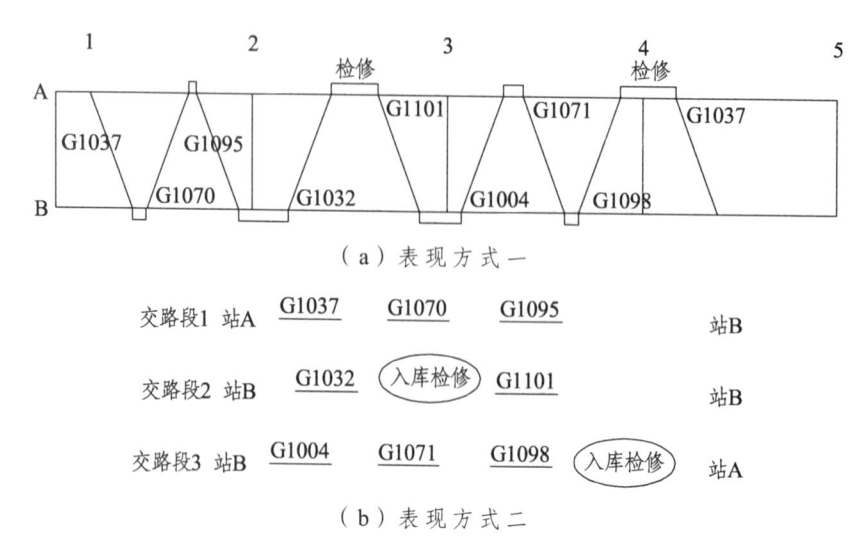

（b）表现方式二

图 5-12　新图动车组交路表现方式

　　从图 5-11（a）中可以看出，此交路周期为 3 天，完成这个交路共需要 3 组动车组（本书将一列动车组列车看成一组动车组，以下研究相同），图 5-11（b）则根据图 5-11（a）中动车组每日运行的内容分为 3 个交路段，每个交路段都标明了每日动车组运行的始发站、终到站、检修内容及担任的列车。

　　当新旧运行图交替时，最优化的交替方案是所有按照现图交路段运行到站的动车组能够在新图执行当日按照新图交路段内容运行。新旧交替运行图动车组运用问题可转化为现图交路段与新图交路段匹配的问题。最理想的情况是，现图交路段的终到站与新图交路段的始发站为同一车站，且动车组的新旧接续满足修程修制规定。在图 5-11、图 5-12 中，可实现新旧交替运行图动车组的理想交替，其交替方案见表 5-4。当现图交路段的终到站与新图交路段的始发站不为同一车站时动车组需要回送，当现图交路段与新图交路段接续不满足检修条件时，需在交替方案中安排额外的检修作业。为了实现动车组的顺利交替，虽然一些动车组的回送不可避免，但回送动车组不能运送旅客，不能直接带来收益而且需要人力、电力等资源，回送动车组的次数越少越好；动车组检修需要人力、时间、费用等，在满足动车组修程修制的规定下，一般进行的次数越少越好[7]，因此在现图交路段与新图交路段接续时需尽量减少动车组检修次数及回送次数。

表 5-4 动车组交替方案

现图交路段	套跑的新图交路段
交路段 1：G1035—G1068—G1093	交路段 2：G1032（入库检修）—G1101
交路段 2：G1030（入库检修）—G1097	交路段 3：G1004—G1071—G1098（入库检修）
交路段 3：G1040—G1069—G1096（入库检修）	交路段 1：G1037—G1070—G1095

在以上业务分析的基础上，归纳总结新旧交替列车运行图动车组运用的问题实质如下：

1. 问题分类

假设现图中动车组交路段个数为 m，新图中动车组交路段个数为 n，如 $m=n$ 则此问题就是通过确定新旧交路段的接续关系解决新旧交替动车组运用问题；如 $m<n$，则此问题除了确定新旧交路段的接续关系外，还要将（$n-m$）个动车组分配到新图交路段中；如 $m>n$，则此问题除了确定新旧交路段的接续关系外，还要选择现图中（$m-n$）个动车组，使其运行至动车运用所入库。

2. 问题约束分析

在高速铁路运营过程中，一个动车交路段是一组动车组（单组运行，若重联也看成一组动车组）一日的运行内容，一个交路段有且只能由一组动车组担任，因此在确定新旧交路段接续关系时，受到的约束条件为一现图交路段最多与一新图交路段存在接续关系，一新图交路段也最多与一现图交路段存在接续关系，且新图中所有交路段必须有动车组担当，现图中下线的动车组必须运行至动车组运用所；另外，动车组运用必须满足修程修制约束，动车组交路中一般只考虑一级检修，每次检修完毕的动车组的累积运行公里数及运行时间可归零，动车组完成一级检修后担任运行任务至下次检修，途中的累积运行公里数及运行时间不得超过检修规定的修程，在此问题中，此约束可体现为新旧交路段接续时，现图交路段中累积的运行公里数及运行时间加上接续的新图交路段中检修前累积的运行的公里数及运行时间不得超过修程，如果超过修程规定，为了不影响已安排好的新旧交路段内容，应在新旧交路段接续的过程中在规定的检修地点安排动车组检修。

3. 问题目标分析

在新旧交替列车运行图动车组运用最优的情况下，接续的现图交路段的终到站与新图交路段的始发站为同一车站，且动车组的新旧接续满足修程修制规定，此时，新旧交路段的接续不会产生成本。但有时为了完成动车组运行任务的新旧交替，现图交路段与新图交路段接续时难免会产生动车组回送作业和额外的检修作业，回送与额外的检修作业会产生增加运营成本。鉴于此，此问题的目标为现图交路段与新图交路段接续时成本最小。

5.4.9 模型建立

1. 模型建立前提

本节仅考虑在新图、现图中，动车组类型相同，并已知新图列车运行时刻、新图列车周转所需的动车组数、现图列车运行时刻、现图列车周转所需的动车组数。

2. 模型参数假设

假设现图中动车组交路段为 i，新图中动车组交路段为 j。定义 0-1 决策变量 X_{ij}，当变量为 1 时表明下标所示的两交路段接续，当变量为 0 时表明下标所示的两交路段没有接续。设交路段 i 与交路段 j 接续时，代价为 C_{ij}。交路段 i 的终到站（即为交路段中最后一列车的终到站）为 S_{id}，交路段 j 的始发站（即为交路段中第一列车的始发站）为 S_{jf}，规定的具有检修能力的站为 S_k。完成交路段 i 所累计的运行公里数为 L_i，值得注意的是，存在交路段 i 开始前已有累计运行公里数的情况，因此，计算累计运行公里数时需在现图中的交路计划中考虑，交路段 i 累计运行公里数为与交路段 i 最近的一次检修作业后至完成交路段 i 运行任务的公里数，交路段 j 所累计的运行公里数为 L_j，与交路段 i 统计方法不同，

交路段 j 开始前所累计的公里数不应计算在内，但交路段 j 开始至下次检修作业前的运行公里数均应算在累计运行公里数之内，因此，计算交路段 j 累计运行公里数时也需在新图中的交路计划中考虑。由此，不难推理，交路段 i 与交路段 j 接续时，累计的运行公里数 $L_{ij} = L_i + L_j$，同理，设交路段 i 累计运行时间为 T_i，交路段 j 累计运行时间为 T_j，交路段 i 与交路段 j 接续时，累计的运行时间为 $T_{ij} = T_i + T_j$。按照动车组修程规定，动车组连续运行公里数达到 $L_{检}$ 或运行时间达到 $T_{检}$ 时需进行一级检修作业。

3. 新旧列车运行图交替期动车组运用模型

（1） $m = n$。

$$\min Z_1 = \sum_i \sum_j C_{ij} X_{ij} \quad (5-17)$$

$$\sum_i X_{ij} = 1 \qquad j = 1, 2, \cdots, n \quad (5-18)$$

$$\sum_j X_{ij} = 1 \qquad i = 1, 2, \cdots, m \quad (5-19)$$

式中，约束（5-18）表示新图中每一交路段必须有且仅与现图中一交路段接续，约束（5-19）表示现图中每一交路段必须有且仅与新图中一交路段接续。交路段 i 与交路段 j 接续的代价 C_{ij} 的取值分为几类情况，具体取值如下所示：

① 当 $S_{id} = S_{jf}$，$L_{ij} \leq L_{检}$ 且 $T_{ij} \leq T_{检}$，$C_{ij} = 0$。

② 当 $S_{id} \neq S_{jf}$，$L_{ij} \leq L_{检}$ 且 $T_{ij} \leq T_{检}$，$C_{ij} = C_{S_{id}S_{jf}}$。式中，$C_{S_{id}S_{jf}}$ 是动车组从终到站 S_{id} 回送至始发站 S_{jf} 的代价。

③ 当 $S_{id} = S_{jf} = S_k$，$L_{ij} > L_{检}$ 或 $T_{ij} > T_{检}$，$C_{ij} = C_{检}$。式中，$C_{检}$ 是动车组额外检修所花费的代价。

④ 当 $S_{id} = S_{jf} \neq S_k$，$L_{ij} > L_{检}$ 或 $T_{ij} > T_{检}$，$C_{ij} = C_{S_{id}S_k} + C_{S_kS_{jf}} + C_{检}$。式中，$C_{S_{id}S_k}$ 是动车组从终到站 S_{id} 回送至检修基地 S_k 的代价，$C_{S_kS_{jf}}$ 是动车组从检修基地 S_k 回送至始发站 S_{jf} 的代价。

⑤ 当 $S_{id} \neq S_{jf} \neq S_k$，$L_{ij} > L_{检}$ 或 $T_{ij} > T_{检}$，$C_{ij} = C_{S_{id}S_k} + C_{S_kS_{jf}} + C_{检}$。

⑥ 当 $S_{id} = S_k \neq S_{jf}$，$L_{ij} > L_{检}$ 或 $T_{ij} > T_{检}$，$C_{ij} = C_{S_k S_{jf}} + C_{检}$。

⑦ 当 $S_{id} \neq S_{jf} = S_k$，$L_{ij} > L_{检}$ 或 $T_{ij} > T_{检}$，$C_{ij} = C_{S_{id} S_k} + C_{检}$。

（2） $m < n$。

此种情况下，除了确定新旧交路段的接续关系外，还要将 $(n-m)$ 个动车组分配到新图交路段中，假设在现图中增加 $(n-m)$ 个虚拟交路段，为了区别设这些交路段为 i'，交路段 i' 与交路段 j 接续的代价为 $C_{i'j}$，其取值如式（5-24）所示，交路段 i 与交路段 j 接续的代价 C_{ij} 的取值同上。

$$\min Z_2 = \sum_i \sum_j C_{ij} X_{ij} + \sum_i \sum_{j'} C_{ij'} X_{ij'} \quad (5-20)$$

$$\sum_{i=1}^{m} X_{ij} + \sum_{i'=m+1}^{n} X_{i'j} = 1 \qquad j = 1, 2, \cdots n \quad (5-21)$$

$$\sum_j X_{ij} = 1 \qquad i = 1, 2, \cdots, m \quad (5-22)$$

$$\sum_j X_{i'j} = 1 \qquad i' = m, m+1, \cdots, n \quad (5-23)$$

$$C_{i'j} = \begin{cases} 0 & 当 S_{jf} = S_k \\ C_{S_k S_{jf}} & 否则 \end{cases} \quad (5-24)$$

式中，约束（5-21）表示新图中每一交路段必须有且仅与现图中一交路段接续，包括实际交路段和虚拟交路段。约束（5-22）表示现图中每一交路段必须有且仅与新图中一交路段接续。约束（5-23）表示现图中每一虚拟交路段必须有且仅与新图中一交路段接续，结果中与现图虚拟交路段相接续的新图交路段由新上线的新动车组担当。式（5-24）表示，当交路段 j 的始发车站为上线动车组所在站时，虚拟交路段 i' 与交路段 j 接续的代价为 0，否则，需将动车组空送至交路段 j 的始发车站，其代价为 $C_{S_k S_{jf}}$。

（3） $m > n$。

此种情况下，除了确定新旧交路段的接续关系外，还要选择担当 $(m-n)$ 个现图动车交路段的动车组，使其运行至运用所入库。假设在新图中增加 $(m-n)$ 个虚拟交路段，为了区别设这些交路段为 j'，交路

段 i 与交路段 j' 接续的代价为 $C_{ij'}$，具体取值如下所示，交路段 i 与交路段 j 接续的代价 C_{ij} 的取值同上。

$$\min Z_3 = \sum_i \sum_j C_{ij} X_{ij} + \sum_i \sum_{j'} C_{ij'} X_{ij'} \quad (5\text{-}25)$$

$$\sum_{j=1}^{n} X_{ij} + \sum_{j'=n+1}^{m} X_{ij'} = 1 \qquad i = 1, 2, \cdots m \quad (5\text{-}26)$$

$$\sum_i X_{ij} = 1 \qquad j = 1, 2, \cdots, n \quad (5\text{-}27)$$

$$\sum_i X_{ij'} = 1 \qquad j' = n+1, n+2, \cdots, m \quad (5\text{-}28)$$

$$C_{ij'} = \begin{cases} 0 & \text{当} S_{id} = S_k \\ C_{S_{id} S_k} & \text{否则} \end{cases} \quad (5\text{-}29)$$

式中，约束（5-26）表示现图中每一交路段必须有且仅与新图中一交路段接续，包括实际交路段和虚拟交路段。约束（5-27）表示新图中每一交路段必须有且仅与现图中一交路段接续。约束（5-28）表示新图中每一虚拟交路段必须有且仅与现图中一交路段接续，结果中与新图虚拟交路段相接续的现图交路段表明，此动车组担当完现图交路任务后下线入库。式（5-29）表示，当交路段 i 的终到车站为动车组可入库的车站时，交路段 i 与虚拟交路段 j 接续的代价为 0，否则，需将动车组回送至动车运用所入库，其代价为 $C_{S_{id} S_k}$。

5.4.10 算法设计

本书根据现图中动车组交路段个数 m 及新图中交路段个数 n 的大小关系，将新旧交替运行图动车组运用划分为 3 类进行建模分析，当 $m = n$，问题转化为新旧交路段的匹配问题，即指派执行现图交路段的动车组执行新图交路段运行任务，此模型是标准的指派问题；当 $m < n$ 时，模型中增加了虚拟的现图交路段，虚拟的交路段可看为新上线加入运营的动车组，此时，模型中现图动车组数量与新图所需动车组数量达到平衡，此种情况转化为标准的指派问题；当 $m > n$ 时，模型中增加了虚拟的新图交路段，与虚拟新图交路段相接续的现图交路段可看为动车组执行完现图交路段运行任务后下线回送至运用所入库，此时，模型中参加指派任务的双方又达到平衡，此种情况也转化为标准的指派问题。

对于标准的指派问题有一个经典有效的方法——匈牙利算法，匈牙利算法是由库恩（W.W.Kuhn）于 1955 年提出的，他引用了匈牙利数学家康尼格（D.König）一个关于矩阵中 0 元素的定理系数矩阵中独立 0 元素的最多个数等于能覆盖所有 0 元素的最少直线数[67]。

设在此问题的可行解是每行每列有且仅有 1 个 1 的 0-1 矩阵，所以可行解有 $q!$ 个，其中 $q = \max(m,n)$，利用匈牙利算法对此问题求解，算法可在多项式时间内求出结果，计算量为 $o(n^3)$。

在此问题中，根据目标值可能求出多重最优解，运输人员可根据多样化需求在多重最优解中选择。参考文献[68]在匈牙利算法求出一个最优解的基础上，利用分支定界法此指派问题的多重最优解。基本思想为：设 $X = \left\{ x_{1j_1}, x_{2j_2}, \cdots, x_{qj_q} \right\}$ 表示指派问题的一组最优解，其中每个变量的取值均为 1，其他未列的变量的取值均为 0。在最优解的基础上每次分枝时预先指定前 r 项变量取值为最优解前 r 项变量值，从第 $(r+1)$ 项变量取值为 0 开始进行分枝，对于一个最优解，可以分出 $(n-r-1)$ 个互不相同的分枝。对于已指定的前 r 项变量，相应地从系数矩阵 C 中划掉第 $i_1, i_2, \cdots, i_r$ 行和第 $j_1, j_2, \cdots, j_r$ 列，对于从第 $(r+1)$ 项变量取值为 0 的变量，用 ∞（或很大的正数）代替 C 中的元素，便可得到一个子系数矩阵 C_B，解以 C_B 为系数矩阵的指派问题，可求得该子问题的最优解，如果该子问题的最优解大于原始最优解，则此分枝已"定界"不再向下分，如果该子问题的最优解等于原始最优解，则记录此解为最优解之一，并对该解按照上述方法进一步分枝，直到所有分枝"定界"为止。

第 6 章　新旧交替列车运行图编制研究

　　新旧交替列车运行方案的研究，完成了交替期客车车底（动车组）的周转运用方案，同时还确定了交替期内每日列车执行的运行方案，具体包括各列车在交替期内是否按照现图运行、是否按照新图运行、是否停运等状态。因在问题求解过程中没有考虑列车行车间隔等约束，所以在新旧列车运行图交替期内，每日按照新图运行的列车与按照现图运行的列车在运行途中可能发生冲突。铁路运营实际中，在新旧运行图交替期，如遇到列车运行途中冲突时需由列车调度人员进行调整，这是传统以列车运行调度为核心的"组织型"运输组织方式的代表。

　　国外有许多国家采取"规划型"行车模式，列车正点率高，重点体现在铁路运输计划的编制上，在日本，列车运行计划分为 3 个层次，分别为列车运行基本计划、列车运行实施计划、列车运行调整。我国列车运行计划只有两个层次，分别为列车运行基本计划及列车运行调整，缺少列车运行实施计划这一层次。列车运行实施计划是在基本计划的基础上，根据近期内国铁集团新下达的计划、重大市场需求变更以及线路、设备等能预见的相关情况，调整基本计划并在列车运行计划实施前形成的计划。相较于基本计划，列车运行实施计划与铁路实际情况联系更加密切，在列车运行过程中提高了计划兑现率，保证了列车能够"按图行车"。

　　新旧列车运行图交替期间，每日都有列车由执行现图过渡到执行新图，各日的列车运行图都不同，铁路运营实际中，新旧交替期的列车运行计划由调度员编制及调整，而无相应的实施计划可以参照，调度员工作强度大。鉴于此，在新旧交替列车运行方案编制完成的基础上，本章将研究新旧交替列车运行图编制方法，实现新旧列车运行图交替期"每日一图"，在无意外事件干扰列车运行秩序时，能够让列车"按图行车"，并降低列车调度员工作强度。

6.1 新旧交替列车运行图编制影响因素分析

6.1.1 新旧交替列车运行方案

新旧交替列车运行方案确定了客车车底运用交替方案，同时规定了运行图中各列车在交替期内是否按照现图运行、是否按照新图运行、是否停运。客车车底运用交替方案确定后，新旧交替列车运行图骨架已确定，因此，客车车底运用交替方案是编制新旧交替列车运行图最重要的前提。

6.1.2 现图与新图的变更程度

在客车车底运用交替方案确定的基础上，运行图新旧交替最理想的情况是在交替期内，分别按照新旧列车运行图执行的各列车间没有冲突，实现现图到新图的顺利过渡。当列车间存在冲突时，新图和现图是编制新旧交替列车运行图的参照系，在一般情况下，为了保持原有运行秩序，应使列车偏离既有计划程度最小，在实际运输组织工作中，为了方便旅客记忆和运输企业内部人员生产作业，交替期内列车的时刻最好不要频繁变动。因此，编制的新旧图交替期内的列车运行计划偏离既定计划越小越好，那么其他因素诸如旅行速度、机车运用和乘务组安排等都应服从以上的主要目标。

6.1.3 列车开行对数与通过能力利用率

列车开行对数与通过能力利用率对于新旧交替列车运行图编制的难易程度具有重要影响。通过能力利用率反映了列车运行图对运力资源的利用程度，换句话说，其明确了还剩有多少运力资源可以利用[69]。列车开行对数越多，通过能力利用率越大，交替期内按照现图运行的列车与按照新图运行的列车间发生冲突的几率就会越大，并且冲突调整的空间小，编制难度大。

6.1.4 列车运行图结构

计划编制人员在编制列车运行图时都会考虑各种不同等级列车运行线的分布，并在列车运行线间预留一定的缓冲时间，以便将来在列车运行过程中遇到突发事件时便于进行调整。当列车运行图缓冲时间在全图中分布合理，在编制新旧交替列车运行图时，可以利用运行图本身的缓冲时间对列车冲突进行疏解。

6.1.5 各种技术标准

在运行图交替期间，新旧交替列车运行图是运输生产的综合计划，机、车、工电、辆各个部门都要围绕运行图有效地组织铁路运输工作。为了充分保证列车运行安全、正点，编制新旧交替列车运行图必须严格遵守各种技术标准，大致可分为3类：时间约束即列车运行时间标准、列车间隔标准、车站间隔标准、机车交路标准、列车接续以及乘务组工作时间等技术标准；空间限制条件，如区间线路数目、车站拓扑结构等；运输设备如线路等维修条件。

6.2 新旧交替列车运行图编制模型研究

6.2.1 建模思路

新旧交替列车运行方案是在交替期列车停运数量最少的情况下得出的理想解，为了降低求解难度，在模型中没有加入列车运行图中的间隔约束，因此，新旧交替列车运行方案可能因不符合列车运行技术条件而不可行。如果理想的交替方案符合列车运行技术条件，即理想解为可行解，则此解即为新旧交替列车运行图的优化解。如果理想解违背了列车运行约束条件，也就不是可行解，就需要调整与约束条件相关的列车时刻使其能满足约束条件，并记录下目标函数的变化值，选取变化最小的方案作为前进方向。这样不断搜索，直至解完全满足约束条件，成为可行解，那么该解应该就是当前的优化解。

在疏解同一日列车间冲突时,需遵循的首要原则是确保列车能够"按图行车",并且保证交替方案中已定的列车接续关系不变,其次,在冲突疏解时,应使列车偏离理想方案程度最小。因对旅客有意义的时刻点为列车在客运站的到发时刻。鉴于此,本书以进行旅客乘降作业的客运站为节点,将每条列车运行线分为几段,每段的列车运行时分为区段内各区间运行时分的总和(包括区段内必要的技术停时),以列车在客运站到发时刻点与理想方案偏离程度最小为目标,进行冲突疏解。

6.2.2 模型目标

为方便讨论新旧交替列车运行图编制问题,引入以下符号:线路上共有 l 个有营业停时的车站,$(S_1,S_2,\cdots,S_l)$ 为按下行方向依次排列的车站,上、下行列车数分别为 m 和 n,第 i 列下行列车和第 j 列上行列车在区间 (S_k,S_{k+1}) 的区间纯运行时分分别为 a_i^{k+1} 和 b_j^k,x_i^k 和 y_i^k 分别为第 i 列下行列车在车站 S_k 的到、发作业,r_j^k 和 v_j^k 分别为第 j 列上行列车在车站 S_k 的到、发作业,在不致引起混淆的情况下,也记 x_i^k、y_i^k、r_j^k、v_j^k 为相应的实际作业时刻,x_i^{kb}、y_i^{kb}、r_j^{kb}、v_j^{kb} 为相应的计划作业时刻,在车站 S_k 的作业 x_i^k、y_i^k、r_j^k、v_j^k 对应的排列顺序为 $q_k(x_i^k)$、$q_k(y_i^k)$、$q_k(r_j^k)$、$q_k(v_j^k)$,从新旧交替第一日开始,作业排序从 1 开始,起、停附加时分为 t_k^q、t_k^t,θ_{ik} 为列车 i 在 S_k 站的停站标志,列车 i 在 S_k 站停站取 1,否则取 0,τ_t^k 为列车在车站 S_k 的最少停站时间。

新旧交替列车运行方案已规定了交替期每日列车需执行的运行图方案,列车运行框架已确定,新旧交替列车运行图应最大限度地保持原有运行秩序,即偏离理想方案程度最小,另外,对于旅客来讲,有意义的时刻点为列车在客运站的到发时刻,因此,可将列车运行线以进行旅客乘降作业的客运站为节点分为几段,以列车在客运站到发时刻点与理想方案偏离程度最小为目标:

$$\min f_1 = \sum_{k=1}^{l}\sum_{i=1}^{m}\left(\left|x_i^k - x_i^{kb}\right| + \left|y_i^k - y_i^{kb}\right|\right) + \sum_{k=1}^{l}\sum_{j=1}^{n}\left(\left|r_j^k - r_j^{kb}\right| + \left|v_j^k - v_j^{kb}\right|\right) \quad (6\text{-}1)$$

6.2.3 模型约束

1. 列车运行方面的约束条件

列车本身运行约束，如式（6-2）、（6-3）所示：

$$y_{i(k+1)} = x_{ik} + a_{i(k+1)} + \theta_{ik}t_k^q + \theta_{i(k+1)}t_{k+1}^t \quad (6-2)$$

$$r_{jk} = v_{j(k+1)} + b_{jk} + \theta_{j(k+1)}t_{k+1}^q + \theta_{jk}t_k^t \quad (6-3)$$

2. 与车站时间项相关的约束条件

（1）同向运行两列车的约束条件。

① 不同时发到间隔时间约束条件

在禁止办理同时接发同方向列车的车站上，自一列车由车站出发之时起至同方向另一列车到达该站之时止的最小间隔时间，称为同方向列车不同时发到间隔时间（记为 τ_{fd}^k）。不同时发到间隔时间如图 6-1 所示。

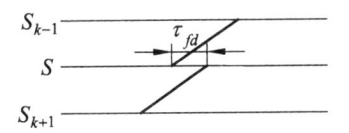

图 6-1 不同时发到间隔时间示意图

不同时发到间隔时间约束条件可表示为：

$$x_{ik} - y_{pk} \geq \tau_{fd}^k, \qquad q_k(x_{ik}) > q_k(y_{pk}) \quad (6-4)$$

$$r_{jk} - v_{gk} \geq \tau_{fd}^k, \qquad q_k(r_{jk}) > q_k(v_{gk}) \quad (6-5)$$

② 不同时到发间隔时间约束条件。

在禁止办理同时接发同方向列车的车站上，自一列车由车站出发之时起至同方向另一列车到达该站之时止的最小间隔时间，称为同方向列车不同时发到间隔时间（记为 τ_{df}^k），不同时到发间隔时间约束条件可为式（6-6）、式（6-7）。不同时到发间隔时间如图 6-2 所示。

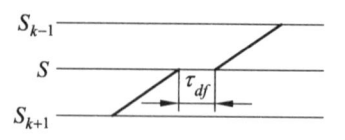

图 6-2 不同时到发间隔时间示意图

$$y_{ik} - x_{pk} \geq \tau_{df}^k, \quad q_k(y_{ik}) > q_k(x_{pk}) \quad (6\text{-}6)$$

$$v_{jk} - r_{gk} \geq \tau_{df}^k, \quad q_k(v_{ik}) > q_k(r_{gk}) \quad (6\text{-}7)$$

③ 区间追踪间隔时间约束。

在自动闭塞区段，凡一个站间区间内同一方向有两个以上列车以闭塞分区为间隔运行，则追踪运行的两列车之间的最小间隔时间，称为追踪列车间隔时间。若两个列车都是在车站停车后发车，记追踪间隔时间为 τ_z，如图 6-3（a）所示，若两个列车都是直接在车站通过，记追踪间隔时间为 $\tau_{z'}$，如图 6-3（b）所示。

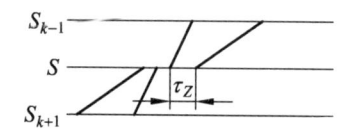

（a）区间追踪间隔时间示意 I

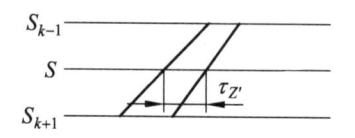

（b）区间追踪间隔时间示意 II

图 6-3 区间追踪间隔时间示意

追踪间隔时间 τ_z，约束条件可表示为：

$$y_{ik} - y_{pk} \geq \tau_z, \quad q_k(y_{ik}) > q_k(y_{pk}), \theta_{ik}=1, \theta_{pk}=1 \quad (6\text{-}8)$$

$$r_{jk} - r_{gk} \geq \tau_z, \quad q_k(r_{jk}) > q_k(r_{gk}), \theta_{jk}=1, \theta_{gk}=1 \quad (6\text{-}9)$$

追踪间隔时间 $\tau_{z'}$，约束条件可表示为：

$$y_{ik} - y_{pk} \geqslant \tau_{z'}, \quad q_k(y_{ik}) > q_k(y_{pk}), \theta_{ik} = 0, \theta_{pk} = 0 \qquad (6\text{-}10)$$

$$r_{jk} - r_{gk} \geqslant \tau_{z'}, \quad q_k(r_{jk}) > q_k(r_{gk}), \theta_{jk} = 0, \theta_{gk} = 0 \qquad (6\text{-}11)$$

④ 车站到通间隔时间约束

同方向通过的追踪列车间隔时间（记为 τ_{dt}^k）是指自前行列车到达车站之时起至同方向的后行列车通过该站之时止的最小间隔时间。车站到通间隔时间如图6-4所示。

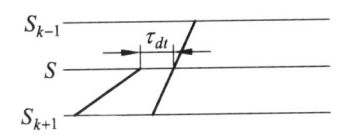

图 6-4　车站到通间隔时间示意

到通间隔时间约束条件可表示为：

$$y_{ik} - x_{pk} \geqslant \tau_{dt}^k, \quad q_k(y_{ik}) > q_k(x_{pk}), \theta_{ik} = 0 \qquad (6\text{-}12)$$

$$v_{jk} - r_{gk} \geqslant \tau_{dt}^k, \quad q_k(v_{jk}) > q_k(r_{gk}), \theta_{jk} = 0 \qquad (6\text{-}13)$$

⑤ 车站通发间隔时间约束

前后两列车不停车通过车站时的追踪列车时间间隔（记为 τ_{tf}^k），是指自前行列车通过车站之时起，至同方向的后行列车再通过该站时止的最小间隔时间。车站通发间隔时间示意如图6-5所示。

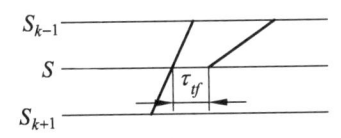

图 6-5　车站通发间隔时间示意

通发间隔时间约束条件可表示为：

$$y_{ik} - y_{pk} \geqslant \tau_{tf}^k, \quad q_k(y_{ik}) > q_k(y_{pk}), \theta_{pk} = 0 \qquad (6\text{-}14)$$

$$v_{jk} - v_{gk} \geqslant \tau_{tf}^k, \quad q_k(v_{jk}) > q_k(v_{gk}), \theta_{gk} = 0 \qquad (6\text{-}15)$$

（2）对向运行两列车的约束条件。

① 车站不同时到达间隔时间约束条件。

单线区段相对方向列车在车站交会时，从某一方向列车到达车站之时起，至相对方向列车到达或通过该站时止的最小间隔时间，称为相对方向列车不同时到达间隔时间，简称不同时到达间隔时间（记为 τ_b^k）。车站不同时到达间隔、会车间隔时间示意如图 6-6 所示。不同时到达间隔时间约束条件可表示为式（6-16）、式（6-17）：

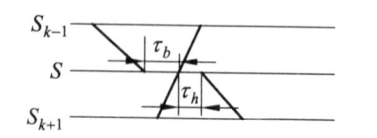

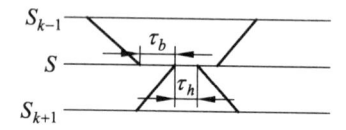

图 6-6　车站不同时到达间隔、会车间隔时间示意

$$x_{ik} - r_{jk} \geq \tau_b^k, \quad q_k(x_{ik}) > q_k(r_{jk}) \tag{6-16}$$

$$r_{jk} - x_{ik} \geq \tau_b^k, \quad q_k(r_{jk}) > q_k(x_{ik}) \tag{6-17}$$

② 车站不同方向会车间隔时间约束条件。

在单线区间，自某一方向列车到达或通过车站之时起，至由该站向这个区间发出另一对向列车之时止的最小间隔时间，称为会车间隔时间（记为 τ_h^k），如图 6-6 所示。会车间隔时间约束条件可表示为式（6-18）、（6-19）：

$$y_i^k - r_j^k \geq \tau_h^k \quad q_k(y_i^k) > q_k(r_j^k) \tag{6-18}$$

$$v_j^k - x_i^k \geq \tau_h^k \quad q_k(v_j^k) > q_k(x_i^k) \tag{6-19}$$

3. 与区间时间项相关的约束条件

（1）同向运行两列车的约束条件。

① 防止区间追尾约束条件。

在任意一个区间，如果两列车运行方向相同，则发生追尾的情况如图 6-7 所示。

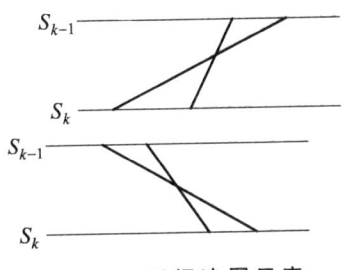

图 6-7 区间追尾示意

上行和下行避免两列车在区间追尾的约束条件可分别表示为：

$$(x_{ik} - x_{pk}) \times [y_{i(k-1)} - y_{p(k-1)}] > 0 \qquad (6\text{-}20)$$

$$(r_{jk} - r_{gk}) \times [v_{j(k-1)} - v_{g(k-1)}] > 0 \qquad (6\text{-}21)$$

② 车站连发间隔时间约束条件。

在单线或双线区段上，自列车到达或通过邻接的前方站（或线路所）之时起至本站（或线路所）再向该区间发出另一同向列车之时止的最小间隔时间，称为同方向列车连发间隔时间（记为 τ_l），简称为连发间隔时间。车站连发间隔时间示意如图 6-8 所示。

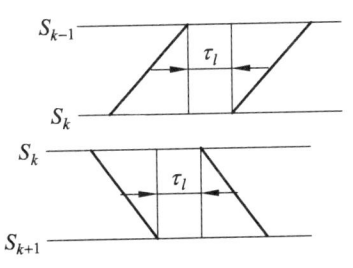

图 6-8 车站连发间隔时间示意

上行和下行的连发间隔时间约束条件可分别表示为：

$$r_{jk} - v_{g(k-1)} \geqslant \tau_l, \quad q_k(r_{jk}) > q_k(v_{gk}) \qquad (6\text{-}22)$$

$$y_{ik} - x_{p(k+1)} \geqslant \tau_l, \quad q_k(y_{ik}) > q_k(y_{pk}) \qquad (6\text{-}23)$$

（2）对向运行两列车的约束条件。

在单线区段，不允许在一个区间内同时运行对向列车。由于双线一般都具有同时接发对向列车的能力,所以一般不存在对向列车间的冲突。对向运行两列车冲突示意如图 6-9 所示。

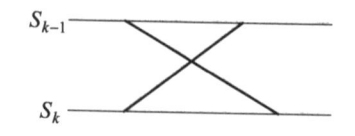

图 6-9 对向运行两列车冲突示意

避免列车在单线区段产生对向冲突的约束条件为式（6-24）所示：

$$(x_{ik} - r_{jk}) \times [y_{i(k-1)} - v_{j(k-1)}] > 0 \tag{6-24}$$

4. 列车停站时间约束

列车在车站的停留时间应不小于规定的技术停时、营业停时,约束条件为式（6-25）、（6-26）所示：

$$y_{ik} - x_{ik} \geq \tau_{it}^k \tag{6-25}$$

$$v_{jk} - r_{jk} \geq \tau_{jt}^k \tag{6-26}$$

5. 车站到发线约束

车站到发线的数目是编制新旧交替列车运行图的一个重要约束条件,方案中发生列车越行或会让作业的车站必须拥有足够数目的到发线,因此方案中使用车站到发线数目不能超过车站拥有到发线总数。设车站 S_k 的到发线总数为 N_k,并定义 δ_{ik}^t 为 t 时刻使用 S_k 中到发线的 0-1 标识变量。

$$\delta_{ik}^t = \begin{cases} 1, & x_{ik} \leq t \leq y_{ik} \\ 0, & \text{其他} \end{cases} \tag{6-27}$$

则 t 时刻车站 S_k 被占用的到发线数量 $M(t)$ 可以用式（6-28）表示：

$$M(t) = \sum_i \delta_{ik}^t + \sum_j \delta_{jk}^t \tag{6-28}$$

这样到发线数目约束条件可用式（6-29）表示：

$$M(t) = \sum_i \delta_{ik}^t + \sum_j \delta_{jk}^t \leq N_k \tag{6-29}$$

6. 客车车底或动车组接续约束

当 S_f^i、S_d^i 分别为列车 i 的始发、终到站时，检查列车 i 在两端的客车车底（动车组）交路约束，假设在 S_f^i 站与列车 i 接续的列车是 j，假设在 S_d^i 站与列车 i 接续的列车是 g，则应有：

$$\begin{cases} y_i^f \Theta r_j^f \geq T_{折返} \\ v_j^d \Theta x_i^d \geq T_{折返} \end{cases} \qquad (6\text{-}30)$$

式中，$T_{折返}$ 为客车车底（动车组）折返时间。

在双线铁路区段，列车运行需受如下约束：

双线铁路区段，列车运行约束条件中没有不同时到达间隔时间约束条件、会车间隔时间约束、连发间隔时间约束、发到间隔时间约束、到发间隔时间约束，而增加追踪间隔时间约束，如下式所示：

$$x_i^d - x_p^d \geq I_{到} \qquad (6\text{-}31)$$

$$y_i^f - y_p^f \geq I_{发} \qquad (6\text{-}32)$$

$$r_j^d - r_g^d \geq I_{到} \qquad (6\text{-}33)$$

$$v_j^f - v_g^f \geq I_{发} \qquad (6\text{-}34)$$

$$y_i^k - y_p^k \geq I_{追} \qquad (6\text{-}35)$$

$$v_j^k - v_g^k \geq I_{追} \qquad (6\text{-}36)$$

6.3 最早冲突优化算法

6.3.1 最早冲突优化思路

在第 2 章中分析了新旧交替列车运行图的业务，得知编制新旧交替列车运行图的基础是现图、新图、现图客车车底交路、新图客车车底交路，本书第 3 章研究了编制新旧交替列车运行图客车车底运用计划的方法，方案中明确规定了每列车在交替期内的运行状态，即列车是否按照现图时刻运行、是否按照新图时刻运行或是否停运。在此基础上，按照已知的新图运行时刻及现图中列车经过各站的运行时刻即可铺画出新旧交替列车运行图的框架。由于交替期每日的运行图中有些列车按照新运行图时刻运行，有些按照现图时刻运行，有可能引起冲突，则新旧交替列车运行图编制的下一步便是在新旧交替列车运行图框架的基础上疏解冲突。

1. 最早冲突优化总体思路

冲突疏解需确定列车占用运输资源新的顺序和时刻，相对于列车运行时刻组合，列车次序组合的规模要小得多，因此，在进行冲突疏解时，首先确定列车的放行顺序。设运行图中有 n 个冲突，若采用所有列车的放行顺序组合化解方案，即将所有运行线一起考虑，则化解方案为 2^n，如果再考虑所有相关的可行的交会、越行方案，则列车组合方案数呈指数级增加，这是一个 NP 困难问题，鉴于此，有必要提出冲突疏解策略，以解决冲突化解的组合性爆炸问题。

从运行图中不难看出，任何一个冲突的疏解都会对整个运行图产生影响，有可能会引起其他新冲突的产生，而最早冲突对其他冲突的依赖性最小，为了避免冲突疏解陷入死循环，本书在进行冲突疏解时每次都选择最早冲突进行疏解，这样既符合编制习惯又能简化计算工作[70]。

在冲突疏解时，首先要保证客车车底运用交替方案能够实现，在保证新旧交替列车运行方案可行的基础上根据优化目标选择具体的疏解方案。

（1）保证新旧交替列车运行方案的可行。

根据时间顺序寻找最早发生的冲突进行疏解，任意指定一个列车为先行列车的情况下，忽略剩余冲突并保持其他作业之间的顺序关系条件下，判断两列车运行至终点站是否能够保持车底接续关系，如果车底能够按照方案进行接续，则记录此次疏解的列车放行顺序为可行的疏解方案，如果客车车底不能保持既定的接续关系则记录此次疏解的列车放行顺序为不可行的疏解方案；按照以上的方法计算另一列车为先行列车的情况下方案是否可行并记录。如果发生冲突的两列车不论优先放行哪列都能保持已定的车底接续关系，则需根据优化目标判断疏解冲突的放行顺序；如果仅有一种优先放行顺序能够保证车底接续方案可行，则通过此步骤则能判定冲突列车的放行顺序；如果在疏解此次冲突时，不论优先放行哪列车都不能保证客车车底接续方案可行，说明无法通过此处的疏解保证新旧交替列车运行图可行，必须回退至与此处列车相关的上次冲突疏解处，重新选择不同的疏解方案，如在一定时间范围内不能疏解此冲突，则只能采取增加列车停运数量的方式。

（2）在保持已有列车接续关系不变的基础上，根据目标优化冲突疏解方案。

本书研究的列车均为旅客列车，旅客运行过程中，假设有旅客上下车作业的客运停站为有效的停站，根据客运停站可以把冲突疏解车站至下一个相邻有客运停时的车站间的一段运行线作为一个基本单元，根据列车自身运行约束传播，一段运行线的到发时刻由起始出发时刻唯一决定，根据此原理可简化计算工作；另外，模型的主要优化目标为列车运行时刻与计划运行时刻的差距越小越好，与旅客关系最紧密的是有上下车旅客作业的客运时刻，因此，可以通过计算方案中冲突疏解车站至下一个相邻有客运停时车站的到达时间与既定到达此客运站时间的差距优化冲突疏解方案，与既定到达此客运站时刻差距越小的方案越优，通过各段运行线阶段优化达到整体优化的效果。

具体优化思路：如果通过客车车底接续方案确定了列车的放行顺序，则在冲突疏解方案中已排除了大量的方案，下一步就是确定在此放行顺序下的具体方案，各种冲突类型中各种优先顺序条件下的所有疏解方案将在下文列出，计算各疏解方案中冲突疏解车站至下一个相邻有客运停时车站的到达时间与既定到达此客运站时间的差距，选择使差距值小并能保持列车接续关系的方案；如果通过上一步没有确定列车的放行顺序，则计算所有疏解方案中冲突疏解车站至下一个相邻有客运停时车站的到达时间与既定到达此客运站时间的差距，选择使目标值小并能保证车底接续关系的冲突疏解方案。

2. 冲突分类

列车运行冲突是指同一空间上两事件发生的时机不满足必要的间隔，即前一事件尚未腾空设备，后一事件便已出现[71]。列车运行冲突消解是一个对冲突列车占用运输资源的次序和时间的重新确定问题[72]。客车车底运用的交替方案及新旧运行图决定了新旧交替列车运行图的骨架,其运行图的优化体现在不同的列车运行冲突消解方案,因此,运行图中列车运行冲突消解方案的好坏直接影响新旧交替列车运行图的质量。列车运行冲突的消解是通过变更列车运行次序和到发时间来消除列车之间对运输资源占用时间的重叠或使相关技术设备的运用满足列车的技术作业要求[72]。

根据列车运行冲突发生时间和地点的不同,我们将其分为如下类型,如图 6-10 所示。

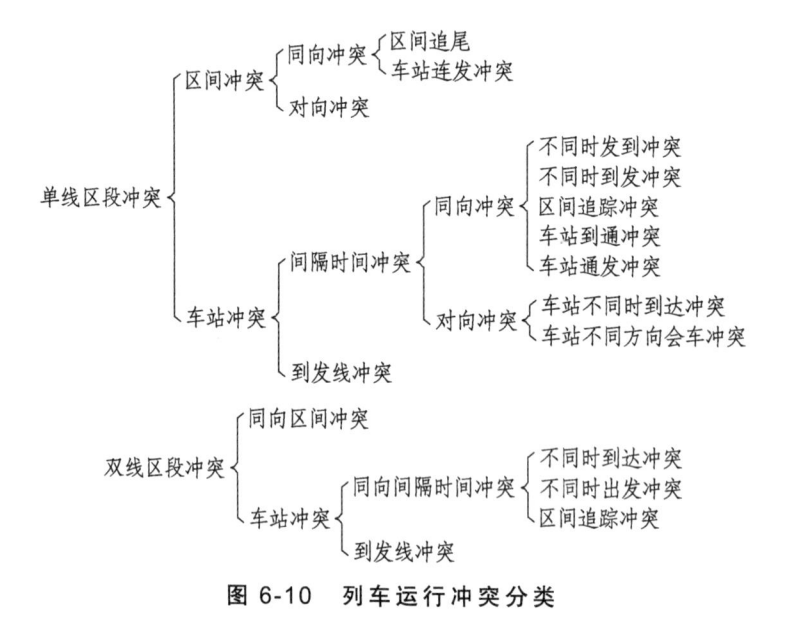

图 6-10 列车运行冲突分类

从图 6-10 所示的冲突的分类可以看出,列车运行冲突大致分为两类,一类是区间冲突,另一类是车站冲突。当列车运行冲突发生在 k 站时,化解冲突所选择的车站为 k 站,当列车运行冲突发生在车站 k 与车站 $k+1$ 之间的区间内时,化解冲突所选择的车站集合为 $\{k, k+1\}$,由此可以看出,不论列车运行冲突发生在车站还是区间,都必须在车站进行疏解。本节主要解决区间冲突及车站冲突中的间隔时间冲突。

3. 冲突化解方案

根据分析冲突的种类,可将冲突归为车站冲突与区间冲突,冲突的疏解地点都在车站，并且，冲突可划分为同向冲突与对向冲突，以下分别画出了各种冲突如图 6-11 所示。

图 6-11　列车运行冲突示意

（1）如对向冲突发生在车站，按照放行顺序的不同分别提出了不同的冲突疏解方案：

当优先放行下行 i 列车时，其相应的冲突疏解方案分别如图 6-12 所示。

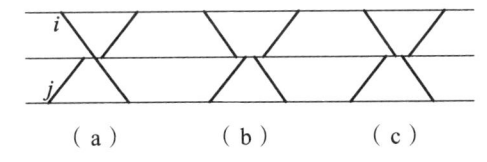

图 6-12　车站对向冲突，优先放行下行列车冲突疏解示意

当优先放行上行 j 列车时，其相应的冲突疏解方案分别如图 6-13 所示。

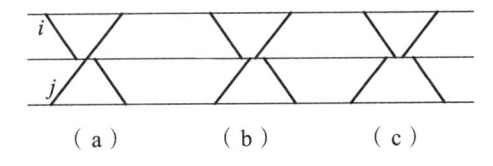

图 6-13　车站对向冲突，优先放行上行列车冲突疏解示意

冲突发生在车站，优先放行一个方向的列车则有 3 种疏解方案，若相向冲突发生在区间，则选择在相邻的两个车站疏解冲突，优先放行一个方向的列车则有 6 种疏解方案，共 12 种疏解方案。

（2）若上行同方向冲突发生在车站，按照放行顺序的不同分别提出了不同的冲突疏解方案：

当优先放行上行列车 i 时，其相应的冲突疏解方案分别如图 6-14 所示。

（a） （b） （c） （d） （e）

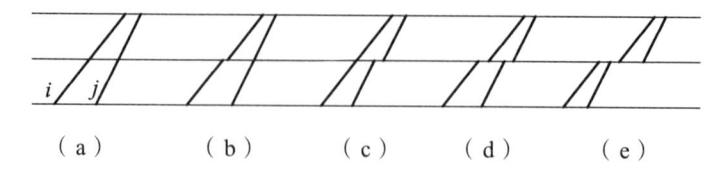

图 6-14　车站同向冲突，优先放行上行列车 i 冲突疏解示意

当优先放行上行列车 j 时，其相应的冲突疏解方案分别如图 6-15 所示。

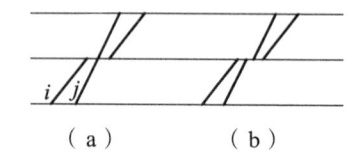

（a） （b）

图 6-15　车站同向冲突，优先放行上行列车 j 冲突疏解示意

与相向冲突发生在区间类似，如上行同向冲突如发生在区间，则选择在相邻的两个车站疏解冲突，疏解方案共 14 种。

（3）若下行同方向冲突发生在车站，按照放行顺序的不同分别提出了不同的冲突疏解方案：

当优先放行下行列车 i 时，其相应的冲突疏解方案分别如图 6-16 所示。

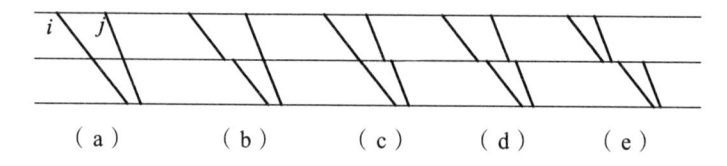

（a） （b） （c） （d） （e）

图 6-16　车站同向冲突，优先放行下行列车 i 冲突疏解示意

当优先放行下行列车 j 时，其相应的冲突疏解方案分别如图 6-17 所示。

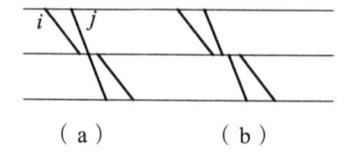

（a） （b）

图 6-17　车站同向冲突，优先放行下行列车 i 冲突疏解示意

如下行同向冲突如发生在区间,则选择在相邻的两个车站疏解冲突,疏解方案可参考以上方案。

6.3.2 算法思路

设列车 i 的接续列车为 g,从冲突疏解车站以最短时间运行至接续车站的到达时间加上车底在接续车站规定的最小技术作业时间与接续列车规定的出发时间之间的差值,记为该列车车底接续松弛时间。设 E_i^k 表示列车 i 在冲突疏解车站 k 站的车底接续松弛时间,列车 g 在接续车站 z 规定的发车时间为 v_f^{zb},列车在接续车站规定的技术作业时间为 $T_{折返}^z$,列车从冲突发生车站 k 发车的实际时刻为 y_i^k,列车以最短时间从冲突疏解站到终到站 z 的纯运行时间、规定的营业停时、起停附加时间的总和为 $\sum_{q=k}^{z} c_i^q$,则列车车底松弛时间的计算公式为:$E_i^k = v_f^{zb} - T_{折返}^z - y_i^k - \sum_{q=k}^{z} c_i^q$。

列车从冲突疏解车站以最短时间运行至最近客运停时车站的到达时间与交替运行图框架中规定的列车到达此车站的时间之差,记为该列车在冲突发生车站的松弛时间。用 R_i^k 表示列车 i 在冲突疏解车站 k 站的松弛时间,设交替运行图框架中列车到达临近冲突的有客运停时的车站 d 的时间为 x_i^{db},列车从冲突发生车站 k 发车的实际时刻为 y_i^k,以最短时间到达站 d 的纯运行时间为 $\sum_{q=k}^{d} a_i^q$,则列车松弛时间的计算公式为:

$R_i^k = x_i^{db} - y_i^k - \sum_{q=k}^{d} a_i^q$。

算法思想如下:

(1)由新旧列车运行图交替期客车车底运用计划得到列车每日执行的运行方案,根据现图与新图中各列车规定的时刻可铺画出交替期列车运行图框架。

(2)寻找运行图框架中最早冲突,如果不存在冲突则优化计算结束,得到新旧交替列车运行图,否则将详细信息记录到冲突链表。

(3)初步确定冲突列车的放行顺序,保障新旧交替列车运行方案可行。设列车 i 与列车 j 在站 k 发生冲突,则判别方法为:

① 在优先放行列车 i 的情况下，分别计算两列车车底松弛时间 E_{iji}^k（E_{iji}^k 表示优先放行列车 i 时，列车 i 车底松弛时间）、E_{ijj}^k（E_{ijj}^k 表示优先放行列车 i 时，列车 j 车底松弛时间）；在优先放行列车 j 的情况下，分别计算两列车车底松弛时间 E_{jii}^k（E_{jii}^k 表示优先放行列车 j 时，列车 i 车底松弛时间）、E_{jij}^k（E_{jij}^k 表示优先放行列车 j 时，列车 j 车底松弛时间）。

② 如果 $E_{iji}^k \geq 0$、$E_{ijj}^k \geq 0$、$E_{jii}^k \geq 0$、$E_{jij}^k \geq 0$，则表明优先放行任一列车均可实现客车车底交替方案；如果 $E_{iji}^k \geq 0$、$E_{ijj}^k < 0$、$E_{jii}^k \geq 0$、$E_{jij}^k \geq 0$，则表明优先放行列车 j 才能实现客车车底交替方案；如果 $E_{iji}^k \geq 0$、$E_{ijj}^k \geq 0$、$E_{jii}^k < 0$、$E_{jij}^k \geq 0$，则表明优先放行列车 i 才能实现客车车底交替方案；如果 $E_{iji}^k < 0$ 或 $E_{jij}^k < 0$ 则表明在此冲突车站无论选择哪种放行方式，新旧交替列车运行方案均不可行，此种情况下的处理方法参照（6）。

（4）在新旧交替列车运行方案可行的前提下，根据模型目标，确定冲突列车的疏解方案，判别方法为：

① 判断根据规则（3），是否确定了列车的放行顺序，假设已确定了冲突疏解时优先放行列车 i，则根据上文列出的优先放行列车 i 的疏解方案，分别计算各方案中的车底接续松弛时间，在保证车底能够接续的基础上，分别计算各方案中 R_{iji}^k（R_{iji}^k 表示优先放行列车 i 时，列车 i 松弛时间）、R_{ijj}^k（R_{ijj}^k 表示优先放行列车 i 时，列车 j 松弛时间），如果疏解方案中 $R_{iji}^k \geq 0$、$R_{ijj}^k \geq 0$ 则选择此疏解方案，否则根据实际与计划偏离的值 $\left[|R_{iji}^k|+|R_{ijj}^k|\right]$ 从小到大顺序记录各方案，并选择偏离程度最小方案为冲突的疏解方案。

② 如果根据规则（3）中没有确定列车的放行顺序，则分别计算各放行顺序下所有方案中的车底接续松弛时间，在保证车底能够接续的基础上，分别计算各方案中 R_{iji}^k（R_{iji}^k 表示优先放行列车 i 时，列车 i 松弛时间）、R_{ijj}^k（R_{ijj}^k 表示优先放行列车 i 时，列车 j 松弛时间），如果疏解方案中 $R_{iji}^k \geq 0$、$R_{ijj}^k \geq 0$ 则选择此疏解方案，否则根据实际与计划偏离的值 $\left\{|R_{iji}^k|+|R_{ijj}^k|\right\}$ 从小到大顺序记录各方案，并选择偏离程度最小方案为冲突的疏解方案。

（5）每一个冲突得到疏解后，按标尺、新旧交替运行图框架重新铺画列车在冲突疏解车站后的运行线。

（6）新旧交替列车运行方案不可行时的处理方法。

假设在新旧交替列车运行方案中列车 i 与其他列车发生冲突需进行调整，由于列车在车底折返站 A 技术作业的要求，相较于方案中的列车始发时刻，列车 i 可提前的时间跨度为 t_1，由于列车在车底配属站 B 技术作业的要求，相较于方案中的列车终到时刻，列车 i 可推后的时间跨度为 t_2，设 $t = t_1 + t_2$。

当调整列车 i 运行时刻导致新旧交替列车运行方案不可行时，可按照下述思路进行调整：

① 按冲突疏解顺序回退至列车 i 上次的冲突疏解站，按记录的疏解方案重新选择与已有方案不同的疏解方案，如果在时间区域 t 内列车冲突得到疏解，则得到问题可行解，选取目标值最小的方案作为最优解。

② 如果在时间区域 t 内列车冲突不能完成疏解，设置一个列车调整时间跨度参数 T（$t \leqslant T$）。

如在时间跨度 T 内列车 i 相关所有冲突疏解成功，在此情况下，列车运行满足运行条件但既有的客车车底接续方案不可行。在车底固定运用模式下，为了保持既有的客车车底接续可行，相关列车运行线需向前或向后挤压。如相关的列车能够在时间跨度 T 内沿着目标值变动最小的方向将所有冲突疏解成功，则接受此解为最优解，为了避免出现死循环，设置两个算法终止条件——如果相关列车在时间跨度 T 内通过调整到发时刻不能疏解所有冲突，则算法终止；相关列车挤压至超过新旧交替时间跨度，则算法终止，算法终止时有列车接续关系的列车 i 与列车 j' 均停运，此时列车 i' 与列车 j 直接接续，如图 6-18 所示。在车底不固定运用模式下，首先在列车的始发站与终到站调整列车接续方案，如果调整后的列车接续方案与原理想方案中交替期的列车停运数量没有发生改变，则接受此解为最优解，如果相较于理想方案，交替期的列车停运数量增加，则以车底接续方案为约束按照上述算法将相关列车运行线向前或向后挤压。

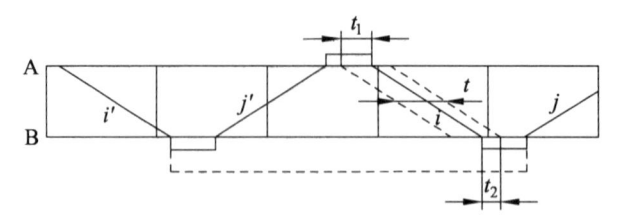

图 6-18 列车冲突疏解方法示意

如在时间跨度 T 内不能疏解完列车 i 相关所有冲突，在此情况下，有列车接续关系的列车 i 与列车 j' 均停运，此时列车 i' 与列车 j 直接接续。

第7章　新旧交替列车运行图编制系统研究

新旧交替列车运行图是确保新图顺利实施的重点和难点。目前，新旧交替列车运行图的编制由运输人员手工编制，当列车运行图变动范围较大时，编制新旧交替列车运行图的工作繁重，而且由于缺乏信息化手段，计划编制结果信息传递机制不健全，调度所、运输站段等不同运输指挥层级、不同部门对新旧交替列车运行图的查询均采用人工操作，不仅效率低下，而且统计口径不一，存在错误的概率较高，对列车运行图交替期间的运输安全极为不利。鉴于此，本章将对新旧交替列车运行图编制系统进行设计研究，主要实现新旧交替列车运行图的计算机辅助编制和不同指挥层级的信息查询、统计等功能。

7.1　系统需求分析

在目前的铁路运输管理体制下，当列车运行图发生变更时，由各铁路局集团公司运输人员人工对比现图、新图及新旧图中客车车底交路，在此基础上手工编制新旧交替列车运行图，规定现图中本局集团公司担当的所有列车的车底去向，新图中本局集团公司担当的所有列车的车底来源，并以新旧图客车车底周转为核心，规定新图列车何时何地按照何种编组始发，现图列车何时何地下线停运或暂时停运。按各铁路局集团公司担当范围制定的新旧交替列车运行图上报国铁集团，经国铁集团运输部门批准后，在新列车运行图启用前统一以文件形式向国铁集团相关部门、各铁路局集团公司、各专业运输公司发布，由于没有相关的信息系统支持，各相关部门只能人工对新旧交替列车运行图进行查询。新旧交替列车运行图编制流程如图 7-1 所示。

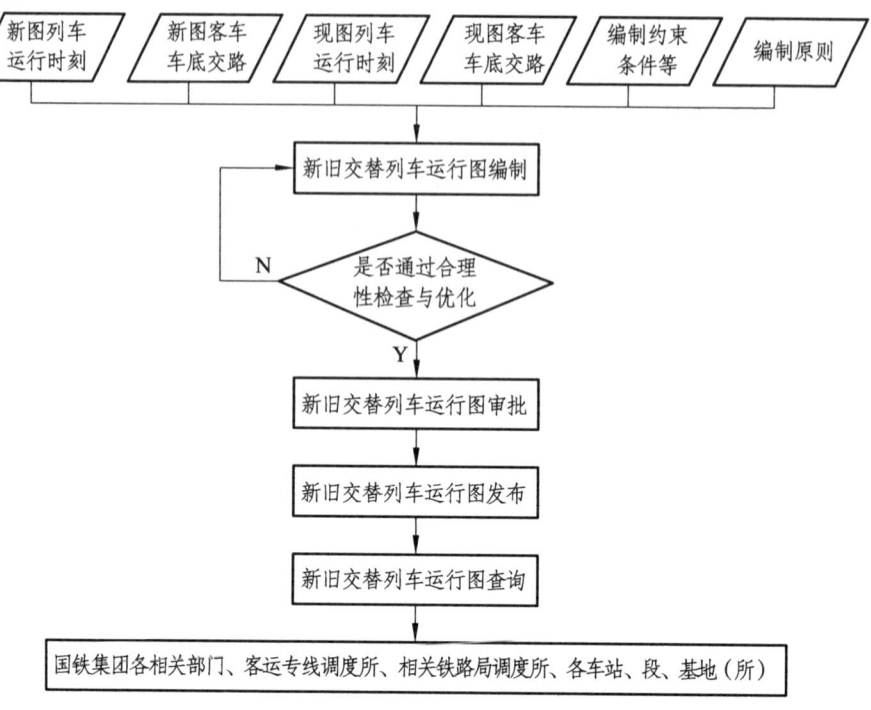

图 7-1　新旧交替列车运行图编制业务流程

从以上业务流程可以看出，新旧交替列车运行图编制系统主要用户对象为3类：主要负责审批计划及发布计划的国铁集团；主要负责编制计划的铁路局集团公司；对计划查询的国铁集团相关部门、铁路局集团公司调度所、各站段。

铁路局集团公司：主要负责新旧交替列车运行图的编制，其用户需求如下：

（1）在编制新旧交替列车运行图前，需比较新旧列车运行图的变化情况，具体包括新运行图中列车是否为新增列车、现图的列车是否取消、列车运行时刻是否改变、列车运行区段是否改变、列车运行所需车底的编组是否发生改变，比较结果需以报表形式输出。

（2）在新图、现图、客车车底交路的基础上，输入客车车底接续时间、运用模式等约束条件，系统应能够按照一定的编制原则自动生成新旧交替列车运行图的可行解或满意解，提高编制人员的工作效率。

（3）为了使新旧交替列车运行图的编制能够体现决策者意图，充分发挥编图管理者和技术人员的主观能动性，系统需建立良好的人机对话机制，提供友好的人机界面，操作上具有方便性、直观性。

（4）提供新旧交替列车运行图的绘制并打印输出，由于新旧列车运行图交替的时间跨度可能有几天，系统要满足多日的列车运行线和客车车底交路的绘制，不仅在计算机屏幕上显示，而且能够个性化输出。

（5）根据新旧交替列车运行图编制结果，生成各种统计结果，并提供 Excel 格式的报表输出，以利于编图人员检查结果和指标分析。

（6）各铁路局集团公司新旧交替列车运行图编制完成后应上报国铁集团，系统应提供上报功能。

国铁集团负责组织全路各铁路局集团公司的编制新旧交替列车运行图工作，协调铁路局集团公司间的列车担当，审查并批准各铁路局集团公司的新旧交替方案，在系统中拥有最高的管理权限，系统应实现编制、审批、发布、查询功能。

国铁集团相关部门、各铁路局集团公司调度所、各站段应能对新旧交替列车运行图的编制结果进行各种查询，其具体需求如下：

（1）按列车查询新旧交替内容。

① 国铁集团以发到站为准确定列车变化日期，变化包括停运、由于客车车底周转关系暂时停运、执行新图列车时刻、执行新编组。

② 铁路局集团公司对管内列车以发到站为准确定变化日期，对跨铁路局集团公司列车以分接口确定变化日期。

（2）车站按日期查询新旧交替内容。

车站按日期查询该日列车停运、执行新时刻及编组变化情况。其中时刻变化应分出通过变停车，停车变通过。

（3）客运部门按照列车担当查询新旧交替内容。

客运部门按照列车担当查询列车停运日期、客车车底接续关系、列车新时刻及执行日期、列车编组变化日期。

（4）车辆部门按照客车车底配属查询新旧交替内容。

车辆部门按照客车车底配属查询列车停运日期、列车编组变化日期、列车新时刻及执行日期。

（5）查询结果输出。

查询结果应以 Excel/Word 文件输出，能够以图形展示的查询结果也应提供图形输出。

7.2 系统目标

新旧交替列车运行方案是在已知现图列车运行时刻、现图客车车底（动车组）交路方案及新图列车运行时刻、新图客车车底（动车组）交路方案的前提下，编制客车车底（动车组）运用过渡方案，使执行现图运输任务的所有运载工具能够合理过渡到执行新图中的运行任务，并以此为基础确定列车在交替期内每日的状态，如执行新图时刻、停运、执行旧图时刻等。

目前，新旧交替列车运行图完全依靠人工编制，只能依靠纸质文件完成信息的上报、发布等。随着适应市场需求的运输产品深入开发，列车运行图变更频率会越来越频繁，缺乏信息化手段的工作方式使计划编制人员工作强度大，效率低，且信息共享程度低，已不能适应铁路发展的需要。鉴于此，研究和建立新旧交替列车运行图编制系统的目的是改革传统新旧列车运行图编制与管理的方式和手段，在研究新旧交替运行图编制理论的基础上，提高新旧交替列车运行图编制的智能化水平，实现计划的自动化编制，并提供辅助决策手段，使新旧交替列车运行图的编制和调整能够充分发挥计划编制人员的主观能动性，并提供不同指挥层级的信息查询、统计等功能，提高铁路运输决策管理水平。

系统的性能要满足可靠性、实用性、先进性。系统必须能够长时间运行而不发生故障，尤其是新旧交替列车运行图编制过程中的数据操作必须具有可靠性，尽量避免数据丢失或者错误。此外，系统必须简洁实用，操作简单，便于用户掌握系统的使用方法。

7.3 系统总体架构

新旧交替列车运行图编制系统提供计划编制功能、计划发布功能、计划查询功能，在计划编制的各环节提供人机交互手段，切实保证所编制计划的可行性和合理性。系统总体功能结构如图 7-2 所示：

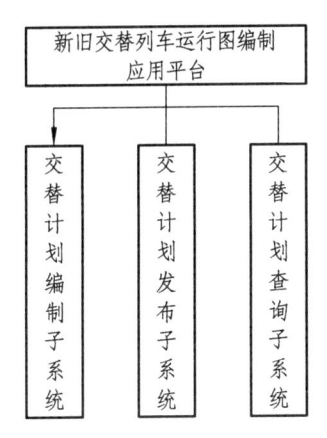

图 7-2 系统总体功能结构

其中，新旧交替列车运行图编制子系统、发布子系统，需完成数据对比、自动编制、人工调整等核心业务功能，其涉及的业务逻辑复杂、操作人员需不断与系统进行交互、要求操作界面满足客户个性化需求，基于此，此两子系统采用 C/S 结构，在 C/S 结构下，客户端与服务器直接相连，对操作的反应速度快，适于人机交互频繁的系统，并且 C/S 结构的系统一般具有较强的事务处理能力，适用于新旧交替列车运行图编制这种逻辑业务复杂的系统；新旧交替列车运行图查询子系统不需要处理复杂的业务，但其具有用户分布广泛的特点，因此，此子系统采用 B/S 结构，在此系统组织结构下，客户端不用维护，通过网页即可随时、随地进行查询、浏览业务处理，通过修改网页即可实现所有用户的同步更新，大大降低了维护和升级成本。根据分析，从可扩展性、通用性和工作模式出发，新旧交替列车运行图编制平台采用 B/S 模式和 C/S 模式相结合的应用体系结构。新旧交替列车运行图编制平台体系结构如图 7-3 所示。

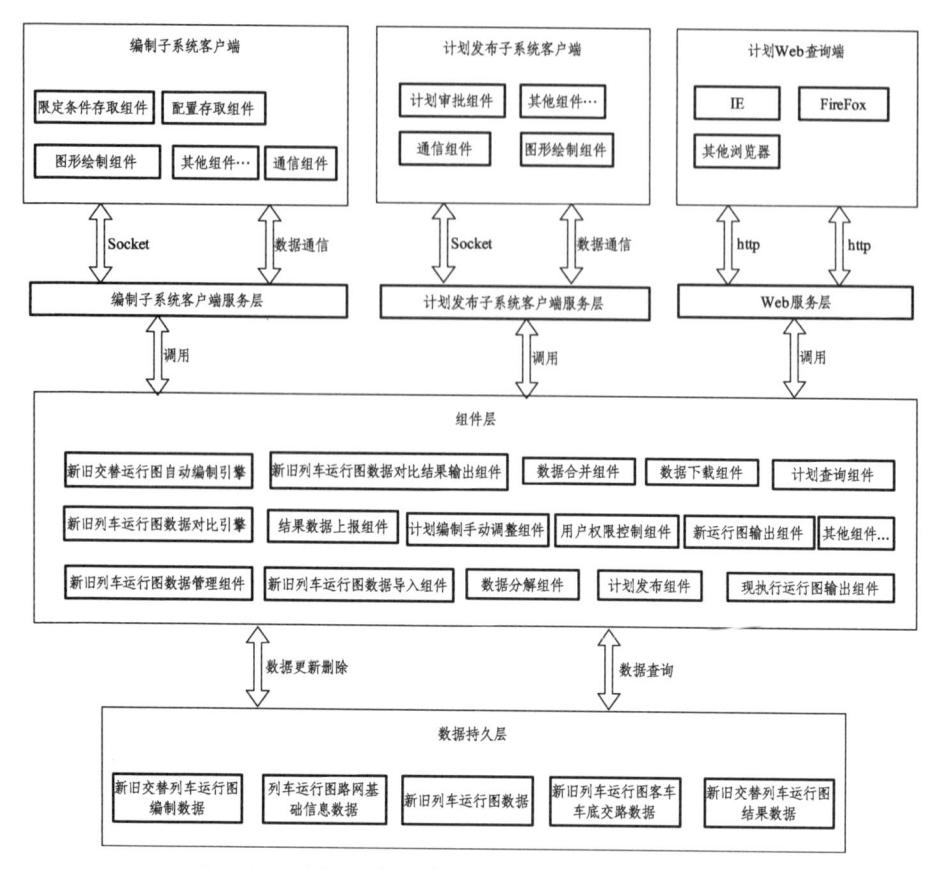

图 7-3 新旧交替列车运行图编制平台体系结构

新旧交替列车运行图编制平台为 C/S，B/S 相结合的 4 层架构。4 层分别为 UI 层，服务层，组件层和数据持久层。

C/S 模式工作流程：客户端 UI 层通过 Socket 技术向客户端服务层发送指令，客户端服务层收到指令，经过服务层的业务分析，调用组件层对应的一个或多个组件。如果需要数据信息，组件层中的组件将调用数据持久层的接口完成指令。最后，客户端服务层通过 Socket IPC，文件共享等方式把客户端请求的结果返回给客户端。

B/S 模式工作流程：与 C/S 模式工作流程类似，唯一的区别是计划 Web 查询端通过发送 http 请求给 Web 服务层，Web 服务层处理完请求后，以 http 回答把结果告知 Web 查询端。

各层具体功能如下：

UI 层包含了 3 个部分，分别为编制子系统的客户端，计划发布子系统的客户端和计划 Web 查询端。其中前 2 个客户端为 Windows 客户端，主要负责接收用户的输入，列车运行图绘制。计划 Web 查询端为 IE 等浏览器，负责计划的发布查询和呈现。

服务层包括了，封装了新旧交替列车运行图编制平台的业务逻辑。它将调用组件层相关的功能组件完成业务。

组件层包含了很多细粒度的组件，这些组件和业务逻辑没有关系，是对具体功能的分装。

数据持久层，根据业务的不同需求，把数据分为不同的类型，并把数据进行对象化，屏蔽了数据持久化的接口差异。当切换不同的数据持久模式的时候，只需要添加新的数据持久对象子类，而不需要更改既有的数据持久对象子类描述。

7.4 系统功能分析

7.4.1 新旧交替列车运行图编制子系统

新旧交替列车运行图编制子系统的功能结构如图 7-4 所示，其具体功能如下：

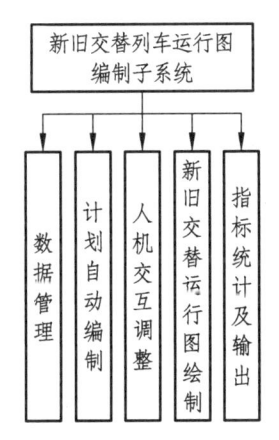

图 7-4 计划编制子系统功能结构

1. 数据管理

1）主要数据对象

新旧交替列车运行图数据对象指组成新旧交替列车运行图的各种基本要素，不仅包括列车运行所需要的静态路网和动态的运行信息，还包括现图、新图及交替期列车客车车底交路信息。新旧交替列车运行图数据的范围应根据新旧列车运行图编制和管理的实际情况，同时根据系统功能的需求进行抽象确定[73]。

（1）新旧交替列车运行图基础数据：现图、新图列车运行时刻及其各自的客车车底交路是编制新旧交替列车运行图的基础，因此基础数据可大致分为以下几类：

① 列车运行图路网基础信息：线路数据，车站数据（车站名、车站性质、所属线路、分界站标识、所属铁路局集团公司名），区间数据（构成区间、区间闭塞方式、区间运行性质、所属铁路局集团公司）等；

② 新旧列车运行图数据：数据版本信息（版本名称、起始时间、终止时间、运行图标记），列车数据（起始车次、终止车次、列车特征、列车等级），列车运行参数（列车车次、运行径路、始发站名、终到站名、起站发点、终站到点），列车时刻数据（列车车次、列车经由车站序号、列车到点、列车发点、占用到发线）等；

③ 新旧列车运行图客车车底交路数据：交路基本数据（交路名、交路类型、列车种类、车底类型、编组辆数、车底配属站名、动车所属动车段所名、动车段所类型、交路周期、担当单位），交路车次信息（交路名、车底组号、车底列车序号、车次），旅客列车编组信息（车次、定员总数、供电方式、列车级别、空调特征、车厢编号、车厢类型、车厢型号）等；

（2）新旧交替列车运行图编制数据：新旧列车运行图对比信息，包括新图版本数据、现图版本数据、列车变化数据（停运、新增、更改时刻、更改编组）、交路变化数据（改变担当、取消交路、新增交路、改变交路车次、改变列车接续站）、客车车底运用模式数据、客车车底接续时间标准、动车组检修里程及技术作业时间数据、动车组接续时间标准等；

（3）新旧交替列车运行图结果数据：主要包括交路数据（现图车次、

到达日期、新图车次、出发日期)、列车状态数据(日期、车次、停运、暂时停运、执行新图时刻)、动车组新旧交替运用检修数据(现图车次、到达车站、是否检修、检修车站、新图车次、始发车站)以及在此基础上产生的相应数量、质量指标信息。

2)数据管理维护功能

(1)用户管理。

根据用户的业务分配不同的角色,为每个用户建立系统账号,同时,为每个用户提供各自的数据管理权限,以修改或查询管理范围内的数据,保证新旧列车运行图数据管理的规范化。用户注册界面如图7-5所示。

图7-5 用户注册界面

(2)数据采集功能。

①数据录入。系统提供方便的数据录入界面,由相关技术人员录入系统所需管理的各项数据。

②数据导入。新旧列车运行图与客车车底交路是编制新旧交替列车运行图的基础,系统应能够在数据格式支持的情况下,从既有列车运行图编制系统导入本系统所需的相关数据,并保持数据的完整性、一致性。

(3)数据管理及维护。

数据管理及维护主要负责接收上级数据库的下载信息和分析处理下级的上报信息,维护和更新数据库的数据,并进行数据的录入、查询、

- 133 -

统计、增加、删除、修改、更新、备份等操作，同时负责向上级上报数据信息。

（4）数据对比。

对于系统导入或录入的不同版本列车运行图数据进行对比，得出列车径路发生变化；列车时刻发生-变化；列车编组发生变化；列车停运或加开等对比结果。不同版本列车运行图数据对比如图7-6所示。

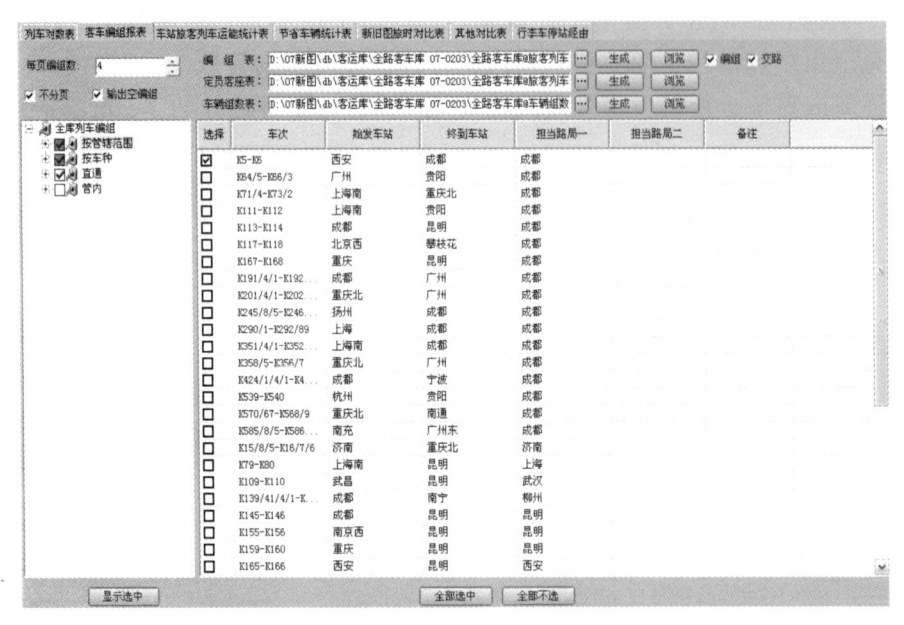

图 7-6 不同版本列车运行图数据对比

（5）数据报表输出。

主要提供现图数据、新图数据、新旧图对比数据的报表输出。

（6）数据上报。

提供新旧交替列车运行图的下级管理部门向上级管理部门上报各种运行图资料、数据的功能。

（7）数据下载。

为用户提供新旧交替列车运行图数据的下载，数据经国铁集团审核以后，下级将新旧交替列车运行图数据下载，达到全路新旧交替列车运行图数据信息的一致。

（8）合并及维护数据。

将局部区域（铁路局集团公司、客运段等）数据库合并成为整体区域（国铁集团、铁路局集团公司）的数据库，或根据局部区域的数据库更改整体区域的数据库。

（9）分解数据。

将整体区域的数据库分解为局部区域的数据库，可按系统中预设的管辖范围进行划分，也可按用户自定义范围进行分解。

2. 运行图数据版本管理

新旧交替计划的编制需要在现图和新图的基础上进行处理，在系统中需要同时加载两个阶段的旅客列车运行图数据，按照这种需求，将不同阶段的旅客列车运行图数据纳入同一个数据库进行管理，对于每个阶段的列车运行图数据加上版本信息进行区分。运行图数据版本管理界面如图7-7所示。

运行图的版本信息包括：运行图版本ID、运行图版本名称、基本图文号、执行起止时间、基本图执行说明、运行图新旧标识和发布的铁路局集团公司。

运行图标识有现图、新图和历史3种选择，在一个数据库中现图和新图最多只能各有一个版本存在，历史可以有多个版本存在。

图 7-7　版本管理界面

3. 新旧图比较分析

新旧交替计划的编制需要在现图和新图的基础上进行操作，首先要判别出新图相比现图的变化情况，然后再针对变化情况编制新旧交替计划。

对于新增、停运、变点、变更停站等变化情况，系统能根据现图和新图数据实现自动判别，但是对于变更编组情况，在列车运行图编制系统中没有纳入这个信息，而对于客运处维护的编组表信息存在，但是要依赖于该数据，如果出现数据录入不全、错误将会导致编组变化状态判别的错误，因此，本系统将其简化处理，通过人工的方式来标记哪些列车的编组发生了变化，如图7-8所示。

图7-8 标记编组变化状态界面

系统比较结果分未变化、新增、停运、变点、变化编组几种情况列出供用户查看，如果需要重新进行新旧图数据的比较，选择"新旧图比较"按钮进行即可，如图7-9所示。

图 7-9 新旧图比较界面

4. 新旧交替列车运行图自动编制

为了提高新旧交替列车运行图编制效率,系统应提供自动编制功能,通过分析新旧交替列车运行图客车车底运用计划的约束条件,建立智能优化模型,利用计算机求得较满意的交替交路方案。运行图编制结果界面如图 7-10 所示。

(1) 设置编制参数。客车车底运用模式数据、客车车底接续时间标准、动车组检修里程及技术作业时间数据、动车组接续时间标准等。

(2) 新旧交替客车车底运用计划自动编制。在满足相关技术作业标准的基础上,确定新图列车何时何地按照何种编组始发,现图列车何时何地下线停运或暂时停运,并以客车车底周转为核心,确定列车在交替期内每日状态。

(3) 终止自动编制。可以使用该功能终止计划的自动编制过程,生成自动编制的部分结果,并可在通过人机调整后重新编制。

图 7-10　新旧交替运行图自动编制结果界面

5．新旧交替列车运行图人机交互调整

新旧交替列车运行图编制系统是智能决策支持系统，为了充分发挥编制人员的主观能动性，系统需提供快捷、方便的人机交互功能。

（1）基于表格调整列车客车车底接续关系。直接输入修改新旧列车车次接续关系，包括取消列车接续和添加列车接续关系。

（2）基于图形取消交路上的新旧列车接续关系。擦去新旧交替客车车底周转图上的接续线，取消列车接续关系。

（3）基于图形添加交路上的列车接续关系。添加交路图上的接续线，建立新旧列车接续关系。

（4）接续线锁定/解锁。对于某些列车，因为特殊要求希望固定其新旧列车的接续关系，使用同一组车底，应将接续线锁定，对于已经锁定的接续线，可采用解锁功能取消其锁定。

6. 新旧交替列车运行图绘制

新旧交替列车运行图绘制系统用于以图形方式设置并输出新旧交替列车运行图，允许用户根据需要设置运行图显示的相关参数，绘制各种类型的列车运行图及方案图。系统能够通过打印机、绘图仪等外接设备输出新旧交替列车运行图，同时也能生成 CAD 兼容格式的列车运行图，或通过虚拟打印机输出。

（1）绘制参数设置。用于设置新旧交替列车运行图的相关参数，包括运行图纸张选择，运行图类型的选择，页面布局设置，运行图绘制范围选择，字体及线形设置等，值得注意的是，新旧交替列车运行图客车车底周转涉及到几天的列车运行图，不同于既有运行图中 24h 循环情况，因此，新旧交替列车运行图的底图为交替期几日的运行图。

（2）计划绘制。根据用户设定的各部分显示内容的参数绘制新旧交替列车运行图，包含构成客车车底周转图框架的站名线、时间线等，以及列车运行线、车底接续线等。

（3）浏览。提供新旧交替列车运行图放大、缩小、漫游等功能。

（4）股道运用显示。基于车站平面图显示车站股道占用信息。

（5）辅助信息显示。当鼠标接近图形对象或选中目标对象时，显示相关信息，执行某项任务后，显示提示信息和相关结果；

7. 新旧交替列车运行图指标统计及输出

按照选定的范围计算新旧交替列车运行图的相关指标，并提供报表版面编辑、输出、查询、浏览、存档功能，为新旧交替列车运行图的分析、决策提供依据。

7.4.2 新旧交替列车运行图发布系统

各铁路局集团公司根据列车担当编制新旧交替列车运行图后需上报国铁集团，国铁集团将审批后的新旧交替列车运行图下达至国铁集团调度中心各相关调度、客运专线调度所、相关铁路局集团公司调度所、各车站、段、基地（所）调阅、执行。运行图数据发布界面如图 7-11 所示。

发布系统应具有数据审批功能，使上级管理部门对于下级管理部门上报的数据能方便地进行分析和校验。

发布系统应具备计划下达功能，并能够自动或手动填写下达日志。系统还提供新旧交替列车运行图下达日志查询功能。

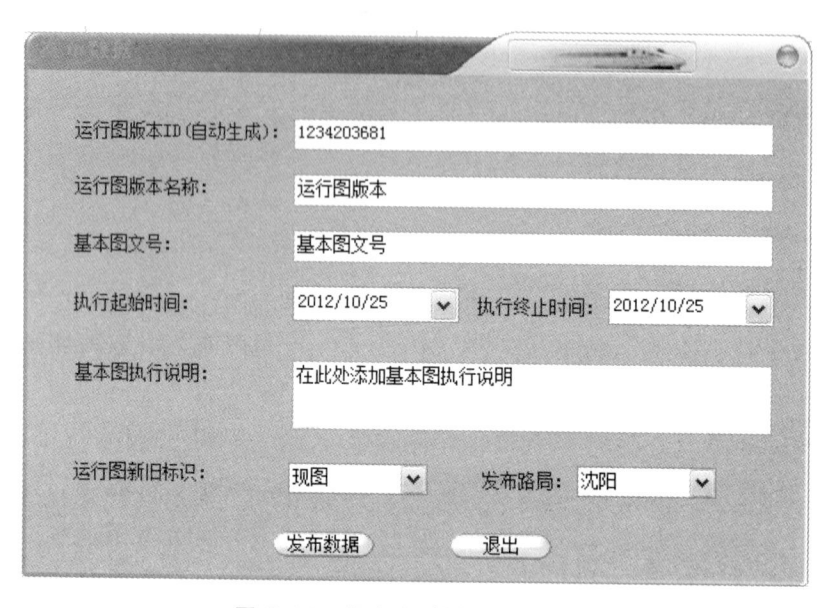

图 7-11 运行图数据发布界面

7.4.3 新旧交替列车运行图查询系统

根据查询用户的需求，在查询新旧交替时一般存在四种查询方式：按日期、列车、车站和铁路局集团公司进行查询，按日期查询：查询设定日全局范围内的变化情况，其中，时刻变化应能体现出通过变停车、停车变通过的情况；按列车查询：查询设定列车的所有变化情况；按车站查询：查询设定车站在新旧交替期的所有变化情况；按铁路局集团公司查询：查询全局范围内在新旧交替期的变化情况，查询结果按日期、列车进行分类显示。按车站、列车、铁路局集团公司查询的系统界面分别如图 7-12、7-13、7-14 所示。

第 7 章　新旧交替列车运行图编制系统研究

图 7-12　按车站查询界面

图 7-13　按列车查询界面

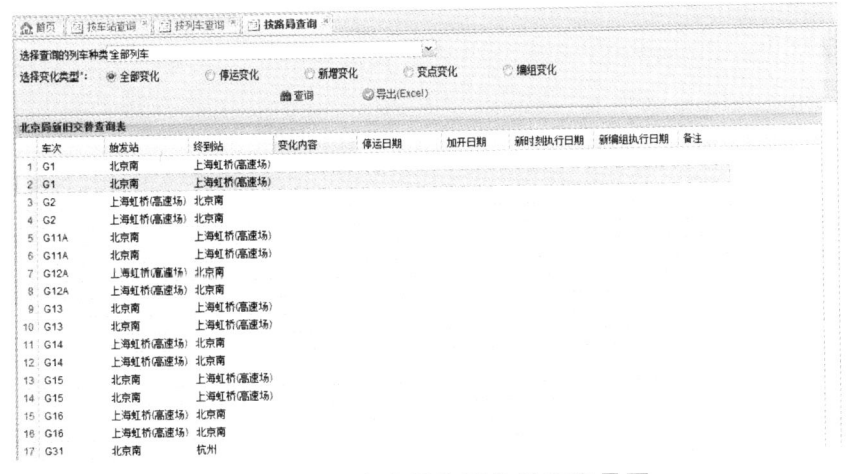

图 7-14　按铁路局集团公司查询界面

- 141 -

参考文献

[1] CORDEAU J-F, DESAULNIERS G, LINGAYA N, et al. Simultaneous locomotive and car assignment at VIA Rail Canada[J]. Transportation Research Part B:Methodological, 2001, 35（8）: 767-87.

[2] 吕苗苗, 倪少权, 李素强. 动车组交路计划有关问题研究[J]. 铁道运输与经济, 2008,（5）: 72-5.

[3] 朱昌锋, 李引珍. 基于既定列车运行图的铁路旅客列车车底套用协同优化研究[J]. 中国铁道科学, 2014, 35（3）: 120-8.

[4] LAI Y C, FAN D C, HUANG K L. Optimizing rolling stock assignment and maintenance plan for passenger railway operations[J]. Computers and Industrial Engineering, 2015, 85: 284-95.

[5] 杨茹. 城市轨道交通列车车底运用优化问题研究[D]. 北京: 北京交通大学, 2015.

[6] 邢进, 朱昌锋. 带有混合交路的城轨网络化运营车底运用研究[J]. 兰州交通大学学报, 2015, 34（3）: 55-9.

[7] 赵鹏, 富井规雄. 动车组运用计划及其编制算法[J]. 铁道学报, 2003,（3）: 1-7.

[8] CADARSO L, MARÍN Á. Robust rolling stock in rapid transit networks[J]. Computers & Operations Research, 2011, 38（8）: 1131-42.

[9] 李健, 王莹, 李海鹰, 等. 城际铁路动车组交路计划优化模型[J]. 铁道科学与工程学报, 2018, 15（7）: 1664-70.

[10] 李建. 动车组运用与检修计划综合优化方法研究[D]. 北京：北京交通大学，2017.

[11] 周宇. 高速铁路成网条件下动车组运用计划编制理论与算法研究[D]. 北京：北京交通大学，2017.

[12] CANCA D，BARRENA E. The integrated rolling stock circulation and depot location problem in railway rapid transit systems[J]. Transportation Research Part E：Logistics and Transportation Review，2018，109：115-38.

[13] LV M，WANG Y，NI S. Passenger Vehicle Scheduling during the Transformation of the Old Passenger Train Operation Plan into the New Plan[C]. [S.l.]: [s.n.]， 2011.

[14] 吕苗苗，倪少权，陈钉均，等. 新旧交替列车运行图客车车底周转图智能编制方法研究[J]. 铁道学报，2012，34（10）：1-6.

[15] 吕苗苗，倪少权. 新旧列车运行图交替期客车车底运用方案的编制[J]. 中国铁道科学，2013，34（4）：99-104.

[16] LV M，WANG M，WANG H. Train-Set Scheduling in Alternating Periods between the Current Train Diagram and the New One[C]. [S.l.]: [s.n.]，2014.

[17] NIELSEN L K，KROON L，MAROTI G. A rolling horizon approach for disruption management of railway rolling stock[J]. European Journal of Operational Research，2012，220（2）：496-509.

[18] HAAHR J T，LUSBY R M，LARSEN J，et al. A Branch-and-Price Framework for Railway Rolling Stock Rescheduling During Disruptions[C]. [S.l.]: [s.n.]，2014..

[19] HAAHR J T，WAGENAAR J C，VELENTURF L P，et al. A comparison of two exact methods for passenger railway rolling stock

(re) scheduling[J]. Transportation Research Part E: Logistics and Transportation Review, 2016, 91: 15-32.

[20] CACCHIANI V, HUISMAN D, Kidd M, et al. An overview of recovery models and algorithms for real-time railway rescheduling[J]. Transportation Research Part B: Methodological, 2014, 63: 15-37.

[21] KROON L, MAROTI G, NIELSEN L. Rescheduling of railway rolling stock with dynamic passenger flows[J]. Transportation Science, 2015, 49(2): 165-84.

[22] VEELENTURF L P, KROON L G, MARÓTI G. Passenger oriented railway disruption management by adapting timetables and rolling stock schedules[J]. Transportation Research Part C: Emerging Technologies, 2017, 80: 133-47.

[23] LIU S Q, KOZAN E. Scheduling trains with priorities: A no-wait Blocking Parallel-Machine Job-Shop Scheduling model[J]. Transportation Science, 2011, 45(2): 175-98.

[24] ROBENEK T, MAKNOON Y, Azadeh S S, et al. Passenger centric train timetabling problem[J]. Transportation Research Part B: Methodological, 2016, 89: 107-26.

[25] LV M, WANG Y, CHEN D. Key Problems in Train Working Diagram of Passenger Special Line[C]. [S.l.]: [s.n.], 2010.

[26] ChEN D, LV M, NI S. Optimization Model and Algorithm for Departure Time Domain of Passenger Trains Based on Conflicts Detecting and Node Important Degree[J]. Advanced Science Letters, 2012, 11: 722-5.

[27] ZHOU W, TENG H. Simultaneous passenger train routing and timetabling using an efficient train-based Lagrangian relaxation

decomposition[J]. Transportation Research Part B：Methodological，2016，94：409-39.

[28] LV M，NI S，JING H，et al. Train Transition Timetable Method and Solution [C]. Springer International Publishing：Cham,2019.

[29] 马建军，胡思继. 基于网状线路的京沪高速铁路列车运行图编制理论的研究[J]. 中国铁道科学，2002，（5），79.

[30] CHEN D，LV M，Ni S. Study on Initial Schedule Optimization Model of Intercity Passenger Trains based on ACO Algorithm[J]. International Journal of Advancements in Computing Technology，2011，3（4）：222-8.

[31] 周文梁，屈林影，史峰，等. 基于定序优化的高速铁路网络列车运行图优化[J]. 铁道科学与工程学报，2018，15（3）：551-8.

[32] 路超. 高速铁路高密度开行目标下运行图鲁棒性及其接续优化[D]. 北京：北京交通大学，2018.

[33] MENG X，JIA L，XIANG W. Complex network model for railway timetable stability optimisation[J]. IET Intelligent Transport Systems，2018，12（10）：1369-77.

[34] CACCHIANI V，TOTH P. Nominal and robust train timetabling problems[J]. European Journal of Operational Research，2012，219（3）：727-37.

[35] DEWILDE T，SELS P，CATTRYSSE D，et al. Improving the robustness in railway station areas[J]. European Journal of Operational Research，2014，235（1）：276-86.

[36] 聂磊，张渊，武鑫. 计算机编制周期性列车运行图关键技术[J]. 中国铁道科学，2014，35（1）：114-21.

[37] 邵长虹，吕苗苗，邹葱聪，等. 基于规格化列车运行图的京沪高速铁路列车停站方案设计[J]. 铁道运输与经济，2018，40（7）：1-6.

[38] HASSANNAYEBI E, ZEGORDi S H, YAGHINI M, et al. Timetable optimization models and methods for minimizing passenger waiting time at public transit terminals[J]. Transportation Planning and Technology, 2017, 40（3）: 278-304.

[39] SHI J, YANG L, YANG J, et al. Service-oriented train timetabling with collaborative passenger flow control on an oversaturated metro line: An integer linear optimization approach[J]. Transportation Research Part B: Methodological, 2018,（2）110: 26-59.

[40] 周文梁，张先波，屈林影，等. 基于客流均衡分析的城际铁路列车运行图优化[J]. 铁道科学与工程学报，2019，16（1）：231-8.

[41] 谢美全. 基于列车运行图优化的动车组周转接续问题的研究[D]. 北京：北京交通大学，2011.

[42] 王莹，刘军，苗建瑞. 基于运行线可调的动车组周转计划优化研究[J]. 中国铁道科学，2012，33（4）：112-9.

[43] 史峰，魏堂建，周文梁，等. 考虑动车组周转和到发线运用的高速铁路列车运行图优化方法[J]. 中国铁道科学，2012,33（2）:107-14.

[44] CHEN D, NI S, XU C A, et al. Optimizing the draft passenger train timetable based on node importance in a railway network[J]. Transportation Letters, 2019, 11（1）: 20-32.

[45] 陈然. 多场景下高速铁路运行图与动车组运用计划编制与调整理论研究[D]. 北京：北京交通大学，2018.

[46] 王超，王淑姗，王鹏，等. 高速铁路列车运行图与动车组运用一体化优化模型与算法研究[J]. 铁道运输与经济，2018，40（9）：92-7.

[47] 周晓昭，张琦，许伟，等. 考虑动车组接续的列车运行图智能调整方法[J]. 铁道学报，2018，40（8）：19-27.

[48] XU X，LI C-L，XU Z. Integrated train timetabling and locomotive assignment[J]. Transportation Research Part B：Methodological，2018，117：573-93.

[49] YIN Y，LI D，Bešinović N，et al. Hybrid Demand-Driven and Cyclic Timetabling Considering Rolling Stock Circulation for a Bidirectional Railway Line[J]. Computer-Aided Civil and Infrastructure Engineering，2019，34（2）：164-87.

[50] 沈亚威. 新旧列车运行图交替相关问题研究[D]. 成都：西南交通大学，2012.

[51] 潘锋. 提高客车运用效率的研究 [D]. 成都：西南交通大学，2008.

[52] 于得水. 客运专线乘务计划编制系统的设计与实现[D]. 成都：西南交通大学，2007.

[53] 王栋. 铁路客运站到发线运用自动编排设计[D]. 长沙：中南大学，2007.

[54] GOODFELLOW I，BENGIo Y，COURVILLE A. Deep Learning[M]. MIT Press：[s.n.]，2016.

[55] FOERSTER J N，ASSAEL Y M，DE FREITAS N，et al. Learning to Communicate with Deep Multi-Agent Reinforcement Learning[J]. Advances in neural information processing systems，2016：29.

[56] LOWE R，WU Y，TAMAr A，et al. Multi-Agent Actor-Critic for Mixed Cooperative-Competitive Environments[J]. ArXiv preprint，2017：arXiv：1706.02275.

[57] 高如虎. 柔性列车运行图优化及交替方向乘子法[D]. 兰州：兰州交通大学，2021.

[58] HARROD S S. A tutorial on fundamental model structures for railway timetable optimization[J]. Surveys in Operations Research and Management Science, 2012, 17（2）: 85-96.

[59] KINGMA D, Ba J. ADAM: A Method for Stochastic Optimization[J]. ArXiv preprint, 2014: arXiv: 1412.6980.

[60] MNIH V, KAVUKCUOGLU K, Silver D, et al. Human-level control through deep reinforcement learning[J]. Nature, 2015, 518（7540）: 529-33.

[61] 石雨. 客运专线列车运行调整的策略、模型与算法[D]. 北京: 北京交通大学, 2010.

[62] 刘兰玉. 采用"一车底多车次"的组织方法提高直通客车车底使用效率的研究[J]. 中国铁路, 1978,（32）: 10-7.

[63] 刘涛. 约束满足问题: 算法和复杂性[D]. 北京: 中国科学院计算技术研究所, 1994.

[64] RAGHUNATHAN S. A Planning aid: an intelligent modeling system for planning problems based on constraint satisfaction[J]. IEEE Transactions on Knowledge and Data Engineering, 1992, 4（4）: 317-35.

[65] 王守慧, 张全寿. 日计划机车周转图智能编制方法的研究[J]. 北京交通大学学报, 1998, 22（3）: 14.

[66] 贺协腾. 基于开行方案的动车组运用仿真研究[D]. 北京: 北京交通大学, 2010.

[67] 《运筹学》教材编写组. 运筹学[M]. 3版. 北京: 清华大学出版社, 2005.

[68] 符卓, 肖雁. 求指派问题多重最优解的分枝定界法[J]. 长沙铁道学院学报, 2000, (1): 69-72.

[69] 王慧妮. 客运专线列车运行调整模型及算法研究[D]. 成都:西南交通大学, 2006.

[70] 黎新华. 单线区段列车运行图铺划与运行调整优化方法研究[D]. 长沙:中南大学, 2005.

[71] 周磊山, 秦作睿. 列车运行计划与调整的通用算法及其计算机实现[J]. 铁道学报, 1994, (3), 56.

[72] 文超. 高速铁路列车运行冲突管理研究[D]. 成都:西南交通大学, 2011.

[73] 张杰. 列车运行图数据管理系统的研究与设计[D]. 成都:西南交通大学, 2003.